河出文庫

「働きたくない」というあなたへ

山田ズーニー

河出書房新社

「働きたくない」というあなたへ　目次

第1章　「働きたくない」というあなたへ

「働きたくない」というあなたへ

第1章　「働きたくない」というあなたへ

「働きたくない」というあなたへ

不況のせいか、私たちが良いモデルを示せなかったせいか、「働きたくない」という学生に、たまに出会うことがある。

「やりたいことが見つからない」のではない、なにか社会に拒否感があるわけでもない。ただ、はなから仕事に意義を見出せない、いや、まったく魅力を感じない、という風だ。もちろん、それは、ごく一部の若者だし、多くは、仕事に意欲を持ち、日本を変えたいという大志を抱いている人もいる。生き方はその人の自由だし、「働きたくない」というのも、その人の自由だ。

ただ、はなから仕事に意義を見出せない若者は、男子にも、女子にもいる。

男子は、将来の目標は「結婚」だという。具体的に結婚したい相手がいるわけではないし、まだ社会にも出てないのだけれど、「結婚」を目標にがんばりたい、仕事は、はなからそえもの、というか、幸せな家庭生活を支える必需品として、それなりにがんばりたいという。教育現場に出て9年になる。将来の目標は「お嫁さん」という女子には何度も出会ったが、いままで、男子一生の目標を「結婚」と言ってはばからない人に出会ったことがなかった。それがここ1年で初めて、たてつづけに複数出会った。

女子は、働きたくないが、お金がほしい、という。玉の輿にのって、旦那さんの稼いだ金で、好きなことをして暮らしたいという。すぐに金持ちを見つけられるわけではないから、出会いを見つける手段として、就職はするという。

彼ら、彼女らは、とても素直な良い学生だ。大学で高い教育も受けている。就職先がないわけでも、才能がないわけでもない。その気になったら、こちらから就職先を選べるだろう。しかし、「その気」がない。

先日も、そんな学生に出会い、潜在力や可能性を感じる、その顔を見ていると、なんだか、黙っておられない、何か言わなければ、という想いがつきあげてきた。だから、おせっかいと知りつつ、「働きたくない」という人へ私の考えを述べてみたい。

「働きたくない」というあなたへ

仕事をもたないならそれでいい、と思うのだが、

では、「自由」はどうやって手に入れるのだろう?

自分の次なる「居場所」は、どう考えているのだろう?

就職は、社会と自分を「へその緒」で結ぶ行為であり、就活は、自分の次なる「居場所」の、設計図を引くような行為だと私は思う。

小学校・中・高・大学と、私たちは、ただ箱を乗り換えるだけで、自動的に「居場所」を与えられてきた。入試は大変だけど、入り口のところさえパスすれば、あとは、受け身でいても、ずっと、自分の椅子が与えられ続ける。考えればへんな話だ。だが、この先はそうはいかない。卒業したら、次の居場所は、自分でアクションをおこさなければ得られない。

「居場所」がないということが、どんなに恐ろしいことか、私自身、38歳になるまで気づかなかった。

一言で言って、そこに「自由」はない。

私は、38歳で、16年勤めた会社を辞め、フリーの編集者になろうとした。しかし、どの出版社も企画部門は外に出したがらない。フリーのライターは成立しても、フリーの編集者が成立しないと辞めてからわかった。

「会社」を辞めた、ただそれだけだったはずだ。

しかし、いったん会社の外に出たら、「社会」からも干されてしまっていたことに、初めて気づいて、動転した。私は、個人として、再びどうやって社会に入っていったらいいかわからなかった。

自分と社会は、ダイレクトに「へその緒」でつながっていたのではなかった、ということだ。会社と社会は、へその緒でつながっていた。私と会社は、へその緒でつながっていた。だから、会社とのつながりが切れたら、社会からも、自動的に切り離されてしまっていた。

思えば、小学校・中・高・大学と、箱が、社会とつながっていた。チューブを通して栄養が補給されるように、「へその緒」を通して、社会から、必要な情報も、信頼も、愛情も、与えられ、守られてきた。あまりに当たり前に「居場所」が与えられる生活をしてきたので、自分の手で「居場所」を切り開くことに、あまりにも無頓着で生きてきてしまった。

だが、いったん「居場所」を失うと、狭い箱に閉じ込められたように、とたんに「不自由」きわまりない生活になった。

平日の昼間、一件のメールも、電話も、一人の私を待つ人もいない。働き盛りなのに、ふて寝をするより他ない。日々、社会から忘れられ、人々から干され、輪郭を失っていく自分。

もちろん、私には家族もいるし、友人もいる。けれども、人は、家族や友人のように、「好き」でつながっている人間関係だけでは生きられないのだと悟った。少なくとも自分はそうだ。もっと大きな枠組みでの、人との「絆」が要る。必要とされたり、役に立てたり、貢献したり、協力しあったり……、単に好き嫌いを超えたところで、人と人は、つながりあい、影響しあって、生きていける存在なのだと、干されてみて、身にしみて思い知った。

あれから9年、フリーランスとして、コツコツと、こんどは自分の手で「居場所」を築き、自分と社会とが「へその緒」でつながってみて、思う。「へその緒」からは、収入だけではない、生きていくための養分がたくさん注がれているなあ、と。もちろん、仕事を通して、社会に「貢献」し、その対価である報酬、つまり「お金」を得る、というのが、「へその緒」を通じての主な行き来だけれど、それだけではない。人はそれだけでは生きられない。

社会からの信頼であったり、社会からの愛情であったり、必要とされている感だったり、役立ち感だったり、役に立つ情報だったり、知恵だったり、自分の能力の発露だったり、充実感だったり、歓びだったり……。収入を代表に、生きるために必要な栄養が「へその緒」を通じて、激しく、自分と社会を行き来している。

私はいま、生活に必要なお金を、自分の手で社会に働きかけて得ることができるし、何か役立って感謝をされることで、社会から愛のようなものも得ることができる。これは自由なことだ。

「玉の輿にのって、旦那さんに稼いでもらって好きなことをしたい」という人は、それでいいのだけれど、その前に一度だけ、考えてみてほしい。

どんな「へその緒」のつなぎ方が、自分は気持ちがいいのか？

玉の輿の場合、自分と社会は、そのままではまだ直接、社会とつながっていない。旦那さんと社会が「へその緒」でつながっている。自分は旦那さんと「へその緒」でつながることで、間接的に社会とつながっている。この状態で、旦那さんを経由して「お金」は問題なく入ってくるとして、お金以外の栄養は、どうやって摂っていく？社会貢献とか、社会からの信頼・愛情とかいうと、言葉がたいそうだが、要は、好き嫌いを超えた部分で、まわりの人に役立ったり、影響を与えあったり、という、まわりとの「絆」、ひいては自分の「居場所」は、どんなふうにつくっていくのだろうか？

もちろん、仕事をしなくても、ボランティアとか、趣味とか、別の方法で、まわりとの「絆」、自分の「居場所」を築いていくことはできると思う。しかし、それはそれで、一歩、単なる友達関係を超えた枠組みでやっていくとなったら、仕事と同等か、それ以上に骨の折れる行為かもしれない。「働きたくない」という自分にできるだろうか？

玉の輿にのるのだから、家庭に目標を置くのだから、それまでの暫定として、なんとなく「就活」をしても、いいのだけれど、なんとなく決めても、ちゃんと考えて選んでも、

「仕事」は、あなたと「社会」をつなぐ「へその緒」になる。

どんな方向から、どんな質の栄養が摂れるか、どんな人間とのネットワークができていくか、ひいては、どんな自分の次なる「居場所」ができるか、は、「仕事」によって大きく違ってくると私は思うのだ。

どこか「降りた」ような気持ちのままで、就職を決めてしまっていいのだろうか？どうせ選ぶなら、新しい居場所の核になるところに、あなたの「好き」を注ぎ込んだり、「得意」を注ぎ込んだり、そういえば子どものときから抱いていた「夢」を注ぎ込んだり、考えて、大切に選んだほうが、そこを通じて、お金も、人も、役立つ情報も、知恵も、信頼や、社会からの愛も入ってくるのだから、単純に、気持ちがいいではないか、と私は思うのだ。

「働きたくない」ならそれでいい。

だけれど、自分が自立して生きていくために、「金」と「愛」は要る。

愛は、恋愛、家族の愛、友愛に限らず、社会からも愛されるというか、そういう広い意味で人が生きていくのに最低限の意味でここでは用いている。

この「金」と「愛」を自分で創意工夫したり、汗を流して、自分の手で得て生きていけるというのが、私にとっての「自由」だ。

あなたにとっての「自由」をどう得ていくか？
最低限必要な、社会との絆をどう築くか？
卒業後の次なる居場所をどう築いていくか？

働きたくなくても、その設計図だけは、楽しく引いてほしいと私は思う。

「行く場所」と「帰る場所」

「働く」とはどういうことか？

就活は、何を目指し、何を大事に、取り組んだらいいのだろう？

前回のコラム「働きたくないというあなたへ」には、就活生を含め、たくさんの反響をいただいた。まず、こんなおたよりから考えていきたい。


〈準備された居場所〉


就職活動をしている大学3年生です。

「働くということは、社会とつながるということ」当たり前なはずなのに、全く考えてこなかった。学校に通っていた今までは、親や行政など、自分以外の手によって居場所がすでにつくられていて、用意されていて。改めて考えてみると、自分でつくり出した居場所はないんじゃないか。だからこそ、ここからは「社会人」として自らの力で、意志で、居場所をつかんでいく必要がある。

でも、それができないんじゃないか。やり方は見えず、不安は募る。

ずっと上げ膳据え膳で居場所が準備されてきた自分にとって、どうやったら新しい世界に踏み出していけるのか？

（ゆうこ）


〈働く目標〉


私の勤めている会社は、女性が多く、まさに結婚適齢期、花盛りな職場なんです。

先日、これからの目標を掲げよう、ということになり、そこで多く出てきた目標が……「定時に帰る」。

私は、前期に出来なかったこれを今期は出来るように努力しよう、とか具体的な目標を考えていたので、正直びっくりしました。

誰かが結婚して、仕事をやめていくとそこかしこから「いーなー」という声が。……でも、それっていいかな？

（もと）


〈友人は自立したいと泣きました〉


数日前に友人は、こんな生活は嫌だと、私の前で泣きました。

優秀なご主人と優秀な息子さんと一緒に、キレイな新しい家に住み、おいしい物を食べ、キレイな格好をして、沢山旅行をしている裕福な専業主婦をしている彼女は、不幸といっても分かってもらえないけれどこんな生活は嫌だと泣きました。

仕事をしたいと泣きました。

無理かもしれないけれど、自分のお金をもって自立したいと泣きました。

自分と社会をつなぐ物が、ご主人と息子だけであるのが、耐えられないほどの苦痛だということなのでしょう。

私は、専業主婦である母をみていて、専業主婦でも社会とつながれるのではないか、という思いがあったのですが、それは、ズーニーさんが書いたように、母が仕事より大変かもしれない社会とつながる苦労をしているからだ、と思い出しました。

町内会、父母会、介護での病院の中で、またボランティアで嫌いな人を含めて深く関わってきています。とても苦しんでいる姿も見てきました。

ズーニーさんが書いていた、「(生きるために最低限必要な)『金』と『愛』を自分で創意工夫したり、汗を流して、自分の手で得て生きていけるというのが、私にとっての『自由』だ。」

このことが、彼女の今求めるものなのでしょう。

求める物がわかったことは、辛くても始まりなのだと思います。

(tsune)

「修造さん」の話をしたい。

修造さん（20代男性・仮名）は、社会に出て3年目の冬、リストラ宣告を受けた。その無力感・脱力感といったらなかった、「放心状態」という言葉の意味を、あれほど実感した瞬間はないと、修造さんは言う。修造さんは、リストラされたことをご両親や、お兄さんお姉さんに言い出せず、いつものように、家を出て、会社に行くフリで、マンガ喫茶に通う生活を1ヶ月続けたそうだ。そんな修造さんが、本の一節を引いて、こう言う。

「人には『行く場所』と『帰る場所』が必要だ。」

この言葉は私の経験に照らしても、なんともしっくりと、腑に落ちる言葉だ。
私も、人生の一時期、完全に「行く場所」を失ったことがある。毎日、再放送の、筋のわかったドラマを、それでも見る、それだけが唯一の愉しみのような、日々。たまに、免許の更新などで、用事ができて家を出る。そんなささやかな一時の「行く場所」でさえも、嬉しかった。自分にはいま、明らかに目的があるという状況を、体が待ち望んでいて、シッポを振っている。しかし、用事はすぐ終わり、再び「行く場所」のない閉じ込められた箱での生活が始まる……。
「行く場所」と「帰る場所」。

結婚を人生の目標に掲げる男子学生も、玉の輿を目指す女子学生も、「帰る場所」を得たい、と言っている。いままで育ってきた家庭は、与えられたものだから、将来は、自分で選び、自分の手でつくった「帰る場所」を持ちたいと。それはいいことなんだろう。

でも、「行く場所は？」

修造さんも、リストラのことを告げた後、理解のあるご両親、弟思いのお姉さん、お兄さんに、強く強く支えられたという。にもかかわらず、いや、ゆるぎない「帰る場所」があるからこそ、なおさら、はっきりと、「行く場所」がない、という苦しみは、耐え難いものがあった。

もがきにもがいたと修造さんは言う。もがきにもがいた修造さんは、自分の人生を時系列でさかのぼり、大学受験のとき、「ほんとにここでいいのか」と思いつつ、第二志望の大学に、とりあえずの進学をしてしまったことに行き当たる。強い後悔が突き上げる。そして、修造さんは、このシンプルな結論に行き当たるのだ。

「人には『行く場所』と『帰る場所』が必要だ。だが、いまの自分には『行く場所』

がない。なら、『行きたい場所』を『行く場所』にしよう。」

修造さんは、自分の「やりたいこと」がやれる場所を見つけ、猛勉強の末、試験に受かり、いま、「行く場所＝自分の行きたい場所」を得た。

思うに、「居場所」というとき、多くの人は、「行く場所」と「帰る場所」をごっちゃにしているのかもしれない。そして「行く場所」のない痛みを伝えることは、私や修造さんのように、いったん干された人間にこそできる、やるべきことのような気がする。

どんなに素敵な家族で、帰る場所があっても、朝が来れば、それぞれが、それぞれの「行く場所」に向けて出発する。

子どもは学校に。

子どもは、学校という「行く場所」が用意されていることのありがたみに気がつかない。自分の手で、この「行く場所」と同等のものを得ようとすれば、同世代の子どもたちを、あれだけの人数集めるだけでも大変だし、土地と建物を借りるとなるといくらするかわからないし、国語、算数といった、教育コンテンツを充実させるのだって、想像がつかないくらい大変なことだ。

専業主婦は、法事に。

私は、専業主婦である母を心から尊敬している。田舎の大家族に育ち、地縁・血縁のネットワークの中で、母は、冠婚葬祭の手伝いやしきり、病気をした親戚の世話など、ほんとうに、頭が下がるほど、心をつくしてやっている。会社のように、だれもタイムカードで管理してはくれない。私なら、そんな状況でサボってしまうだろうに、母は、自立して、給与も賞与も一切もらわず人につくしている。だから母には、定年退職はない。いつも「行く場所」がある。

男も、女も、大人も、子どもも、生きていくためには「行く場所」が要る。

あなたの「行く場所」と「帰る場所」をどう思い描くか？

読者のおたよりを2通、紹介して終わりたい。

〈お前には価値がない、と言われるのが怖い〉

私は30代の女性ですが、私が学生だった頃には「お母さんみたいな専業主婦にはなりたくない！（＝働きたい）」という女子が圧倒的に多かったような気がします。私もその一人でした。とはいえ、「働きたくない」若者の気持ちも、少し分かる気がします。○○したくない……専業主婦にはなりたく「ない」、働きたく「ない」、意味は真逆ですが、根っこには同じものがあるように感じるからです。

つまり、社会から「お前は価値がない」と言われるのが、怖い、ということです。私たちが子供の頃、「専業主婦は嫌」と思ったのは、主婦の価値を低く見積もる、社会の風潮があったからだと思います。自分の母親がそうであったように、家事も子育ても親の介護もしているにもかかわらず、社会人として、半人前に扱われるのは嫌だ、と。そんな風に思っていたように思います。

しかし、働けば、自動的に自分の価値が実証されるかと言えば、そういう訳でもありません。行き過ぎた成果主義の中で、社内での競争が激化し、「あいつはデキる」「あいつは使えない」そんな言葉に、いつも振り回され、クタクタになってしまうのも、よくあることです。「働きたくない」という若者は、おそらく、会社を、毎日能力を試され、自分の価値を値踏みされて、評価されるところ、という風にとらえているのではないでしょうか。価値がないと思われれば、そこで拒絶され、居場所はなくなる。

かくいう私も、仲間と協力し合い、尊重しあい、話し合い、時には喧嘩もしながら、ひとつの成果を出すことが、「働く」ということなのだと、気がつくのにずいぶん時間がかかりました。以前は、見えない誰かに後ろをつけまわされ、成績表をつけられているような気がしていたものです。

もっと早くに気が付いていれば、毎日オーディションのように会社に行くこともなかったのに……と悔やまれます。

会社人であろうと、フリーランスであろうと、主婦であろうと、ボランティアであろうと、ズーニーさんの言われる通り、自分の「好き」や「得意」を核として、人とのつながりを大事にし、協力して生きていくことの素晴らしさに気がつくことができれば、人生は本当に豊かになるのだと、今は思います。

（aki）

〈自分から求めないと何も得られない〉

私は今、教育系の大学三年生です。就職活動真っ只中です。

私の周りは学校の先生志望がほとんどです。みんなやさしくて、一緒に勉強していると、とてもやさしくなれます。「A君だったら、よい先生になれるよ。」と言われるたびに、顔がほころびました。そんな環境が心地よくて、私も教員に向けての勉強をしていました。「でも、まてよ、本当に自分は教員になりたいのか、周りの影響で、自分を偽って、先生になろうとしてないか」という気持ちは常に抱いてました。でも私は友達との関係を壊したくなくて、自分を見つめなおしたくなかった。

けれども、就職活動って、自分の人生を決める大事なものだと、年末にようやく気づきました。そしてたまたま就職のセミナーに行ったところ、講師の先生に「偽っちゃだめだ」と言われました。自分の胸に突き刺さる言葉でした。

それから自己分析をしました。今までの20年間、自分が何をして、そこから何を得たのかと自分に問いを発しました。問いに答えようとするたびに、自分が揺らいでいく。自分ってだめなんだって、明白に突きつけられると正直つらかった。こんな自己分析やめようと思って、教員採用試験の勉強をしようとも思いました。

けど体は勉強する気持ちになっていませんでした。先生の本を開くたびに、疑念が頭をよぎっていました。体は正直です。

「本当に先生になりたいのか？」という問いに向き合い、「そうじゃない」って結論にたどり着くまで、20日間かかった。その結論を導き出すのは、骨身を削るようなものだった。でも事実だった。

私は今、就職活動を一緒にする友達もいなく、一人です。一人になるとはっきりわかります。

「社会は私を求めていないってことが」

教員を目指しているときは、だれかが反応してくれたけど、社会はそうじゃなかった。自分から求めないと何も得られない。自分から求めるって、結構つらくて、傷つくばっかりだ。自己分析して、すごすぎる会社の人に出会って、夜一人になって、陰鬱な気持ちになっている自分。「かわいそう、僕って。なんてかわいそうなんだ。」って気持ちにもなった。でも社会はそんな被害者意識、受け入れてくれない。社会という大きな文脈の中にいると、自分の小ささがよくわかる。

これからはどうすべきでしょうか。

その問いには走り続けるって答えがあるのだと思います。面接のたびに、自己アピールのたびに傷ついて、もう走り続けられないってときには友達や歌やテレビという水分補給をして、見えないゴールをめざす。それが就職活動なんだと思います。

自己否定のない就職活動はありません。

（就活まっただなか大学三年生）

「仕事はそれなりでいい」、ですか?

「働きたくない」という若者を見て、私が、ざわざわ、もやもや、なにか言わなければいけない気持ちに襲われるのは、きっと、その若者が悪いわけでも、能力がないわけでもなくて、そこに、「仕事」とは何かということについて、「混線」があるからだと思う。「混線」しているのは、私たち大人が、働くことについて必要なアナウンスをしていないからだ。

例えば、先週の「行く場所」と「帰る場所」の話。

これだけでも、仕事に対する「混線」を解きほぐすのに、ずいぶん役に立ったように思う。

「玉の輿にのるから、仕事にのり気になれない」というのは、「行く場所」の話なのに、「帰る場所」の話をしている。「行く場所」も「帰る場所」も、人には両方要る。心臓の右心室と左心室のようなものだ。どっちかがあるから、どっちは要らないというものではない。「行く場所」は「帰る場所」の代用ができないし、「帰る場所」は

「行く場所」の代わりはできない。

就活生のうち一部の人は、無自覚なまま。「行く場所」の話に「帰る場所」の話を混線させており、それが、話をわかりにくくさせる。

「混線」について、さらに考えてみたい。

〈それなりでは、いけませんか？〉

現在、社会人4年目25歳女子です。

「働きたくない」という意見に、非常に共感を覚えます。

私も自分の優先順位の中で、「仕事」の順位はそれほど高くなく、特に熱意を持ちたいとも思いません。

仕事をして収入を得たり、そこで社会と関わらないと生きにくい事ぐらい、みんな分かってると思います。けれど、誰もが希望の職につけるわけでもないし、理不尽な事ばかりの社会です。頑張ったからといって認められるわけでもないし、やりがいとか楽しさが見つからない場合もあるでしょう。正直、社会に対する「あきらめ感」みたいなものもあります。

そんな中でも、嫌だけど、理想と現実のバランスを計りながら、生きていくための「手段」として仕事をする人も、私を含め多いと思います。

仕事に対する「熱意」とか「夢」とか「志」って、そんなに必要でしょうか。

もちろん給料をもらう以上、プロとして最低限の仕事をして、社会と上手く関わらなければなりません。そこから学ぶ事も非常に多いです。けれど、それは「それなり」でいいと私は思っています。それよりも、自分の好きな事とか、大切な人と過ごす時間に重点をおく事を重要視しています。

「仕事」を、熱意を持って生きがいだと捉えられる人も素敵だと思います。でも、残念ながらそうは思えない人もいます。結局は、その人にとって人生を楽しく豊かにするものが何なのか、という価値基準の問題になるのでしょうが。

……以上のような話を上司とすると、「今の若い子達は、プライベートが何より大事だもんねぇ」と、よく言われます。これって、世代的な価値観の違いなんでしょうか……??

(mako)

このメール、共感するところが多いのだ。社会に出たら「理不尽だらけ」、ほんとうにその通りだ。「がんばったからと言って認められるわけではない」そう、これはもう、身をもってわかる。「誰もが希望の職につけるわけでもない」そう、私の知る限り、希望の職に就ける人のほうが少ない。「生きていくための手段として仕事をする人も多い」これも、私も、まったく意に沿わぬ、適性もない仕事を生きていくためだけに働いた期間が、決して少なくはなくあり、それでよい、尊いと思う。

でも「だからそれなりでいい」という理由になるのかなあ?
「結局は、その人にとって人生を楽しく豊かにするものが何なのか、という価値基準の問題になるのでしょうが」ここに「混線」みたいなものがあるんじゃないか、そんな気がするのだ。

次の3人のおたよりを見てほしい。

〈新卒早期退職をへて〉

私は新卒として昨年の4月にある企業に就職し、今年の1月に退職しました。職務経験1年未満の「新卒早期退職」というものです。

私は就職活動をしていた頃はただ漠然と「働かなければいけない」という強い焦りだけでした。運良く内定を頂いた時、「嬉しい」という気持ちよりも「迷い、不安」ばかりでした。内定後も「本当にこれでいいのか」という気持ちでいっぱいで、手当り次第に興味のあるものに飛びついては離れ、いくら放浪を繰り返しても「自分のやりたいこと」が分からないまま入社。

悩みの毎日は地獄のようでした。体調も精神も崩してしまいました。会社での配属も部署変更も個人の意志は関係しない、改めて自分が会社の1つの小さな歯車でしかないこと、そして、〝誰でも出来る仕事を多くの人が取り合っている〟実態を知りました。「働ければ何でもいい」という甘い考えからの就職、将来の目標もないままの就職、ただお金の為の世間体を守る為だけの就職、もっと自分の好きなものや将来を大切にするべきだったと後悔しました。

「働くということ＝社会とどう繋がるか」ということを認識するのが遅過ぎました。

ただ会社を辞めてから改めて思うことがあります。「働きながら目標を見つけることも、方向転換も、全然アリなんです」。私のいた部署は転職を重ねた中途採用の方々ばかりでした。就職活動をしている時も働いている時も「今就いた仕事が一生の仕事になるのでは……」という恐怖心がありました。でも今ならそんな事は絶対ないと断言出来ます。

・正社員を9年勤めて結婚もして、やっとやりたいことが分かり異業種へ方向転換

・新卒3ヶ月で退職、異業種のアルバイトから契約社員へのぼりつめてどんどん大きな会社へステップアップを進める

そんな先輩方々がいました。勤続することばかりが正しいわけではなく、社会で働く大人は結構リスクを背負って複雑な道を生きていると知りました。学生なんかよりよっぽど「生きる力」が強い。

やりたい仕事、働きたい職種や会社が見えている人は幸せです。

ただ、何となく働いてしまっても本人が意識を高く求め続けていれば、今の仕事の中にも

違う世界でも「やりたいこと」って見つかるのかもしれません。このことにもっと早く気づいていたらと思います。　　　　　　　　　　　　　　　　　　　　　　（さちこ）

〈自己実現はできなくても〉

私は現在社会人1年目です。

昨春大学院を卒業してIT系企業で働き始めました。私は学部時代と院生時代の2回就活をしています。

就活中〜新人研修中の私は、正に「働きたくない」と思っていました。学部時代の就活では内定を頂いていたのですが、私を取り巻く就活情報の中では「働くこと」があまりにも美化されすぎていて、自分がそんな大変なことできるんだろうかと思って怖じ気づいてしまい、内定を辞退して大学院進学を選びました。

院生時代の就活では、もう肚（はら）を括（くく）った気分でした。あんな大それたことできる訳がない、本当に自分がやっていけるのだろうか、と今振り返ってみると就活情報に接する中で自分の中に生まれた「働くこと」という妄想に悩まされ続けた日々だったなと思います。

会社に入ってもうすぐ1年、一日ずっと社屋の中で慣れない横文字と戦うのはしんどいし、無茶ぶりしてくる人がいたりしておもしろいこと続きではないけれど、先輩に助けてもらったり教えてもらったり、同期に泣きついたり笑い合ったり、そういうささやかなことを幸せだと感じたり、うれしいと感じたりしながら新米SEをやっています。

働き始めて思ったのは、働くことは就活メディアや就活会社が謳うような美化されたことではないということです。必ずしも「働くこと＝自己実現の手段」である必要はまったくありません。働くことが自己実現に結びつくのは就職だけに限らないし、まずとにかく企業で働き始めてみてから自己実現を考えたって決して遅くはない。

そもそも実際フルタイムで働いた経験がないのにフルタイムで働く中での自己実現を考えろというのが無理難題だ、と思います。ついでに、もっというと、自分の内面と働くことが過剰に関連づけられているように感じられてなりません。

就活本やら就活予備校やら就活イベントの広告コピーを見ていると、新卒偏重主義の中にいて自分の学歴や性別に悩んでいる学生をさらに焦らせるようなことはもうやめてほしい、と思います。

自分の適性や進路、やりたいことについて考えることはもちろん大切なことです。ですが、「働きたくない」という気持ちは、「働くこと＝自己実現でなければならない」と学生を追い立てる美化された就活（＝働くこと）に対する当然の反応だと思います。　（U）

〈人は何で働くのか？〉

多分小学校の頃でしょうか。人は何で働くのか？　という問いを先生がして、みんなが答えました。「お金をもうけるため」「家族と暮らすため」「自分の楽しみ」……まあ、みんな色々なことを言います。で最後に先生が、

「みんな正しいんだけれど、一つ忘れていることがあります」

「人の役に立つために働くのです」

と付け加えました。いや、びっくりしました。そんな考えは浮かんできませんでした。という訳で、仕事というと3つのことを思い出します。

・お金のため

・自分のため

・人のため

これが三拍子そろうケースは少ないかと思いますが、分けて考えると参考になる点も有るかと思います。 （かぜ）

今期の慶應の授業で、非常に説得力あるスピーチをした学生Aくんがいる。私も感銘を受けたが、聞いている多くの学生も、その意見に打たれた。それは「束縛されていることを認める」という意外な意見だ。

みなさんはどうだろうか？

仕事をやるにしても、サークルの活動をするにしても、なにか人の手助けをするにしても、「それは拘束されて、イヤイヤやらされているのではない、自分が好きでやっている」と思いたいのではないだろうか。

どんなに本意ではないことをやるにしても、人は、「自分が拘束されてやっている」とは思いたくないものだ。自由な意志でやっていると思うから、ツライことでも苦じゃなくなる。と、私もそう思っていた。

ところがそうばかりではない。いやむしろ、「束縛」という関係性を認めないことが、逆に人を追い詰めることだってある。

Aくんは、おばあさんの介護をしている。

大学との両立はほんとうに頭の下がることだ。Aくんがどんなにおばあさんを愛し、また、つくし、介護生活を辛抱強く続けてきているかは、短いスピーチからも充分、説得力をもって伝わってきた。

それだけ忍耐力のあるAくんでも、介護の生活は、想像を絶するものがある。オムツをかえるにしても、食事をしてもらうにしても、常に常に、相手が機嫌よく、こちらの思うとおりに、協力的に動いてくれるとは限らない。予想を超えた事態もある。

どんなに大切な人でも、どんなに心から好きな人でも、「好き」と思えなくなる瞬間はある。

そういうときに、優しく、誠実な人ほど、介護の対象を愛せない自分、好きで介護をやっていると言えない自分、を許せなくなる。

Aくんにも、介護の厳しい毎日の中で、ふと、大切なおばあさんを「好き」でいられない瞬間はあり、そんなときは、どんなに孝行なAくんでも、いま自分が心から望んで、好きで介護をやっているのだと言い難くなる。Aくんは、そのことに苦しみ追い詰められていった。

意外にも、そんなAくんを救ったのが「束縛」という概念だった。

親の介護をする、とか、親が乳飲み子の世話をする、という場合、「好きでやっている」「当然のこととしてやっている」と言いたいし、みんなもそう期待するし、ほんとにそうなのだろう。

でも常に常にそうでなければならないとすれば自分を追い詰める。

追い詰められたときAくんは、「いま、自分は束縛されている」と認め、そのことによって救われたそうだ。

つまり、「いま自分は介護に拘束されている」と。

どんなに大切な人と自分の関係にも、「束縛」されたり、「束縛」したり、という部分はある。

愛さなければ、好きでなければ育児はしてはならないと、それが理想だろうけれど、自分がとても大変なときに、ものすごくひどいことをする子どもがいたら、瞬間的に、親とはいえ、好きとは思えない、世話をするのがいやになるということだって、あるのではないか。

そんなときに、「いま自分は束縛されている」「育児に拘束されている」と認めることで、世間はひどいと思うかもしれないが、現実的には、世話を放り出したり、いいかげんにすることなく、まっとうすることができる。

不思議にも「縛られている」と認めることが自分を生かし、関係性を生かし、ひいては相手を生かす結果になる。

仕事は、基本、人を「束縛」するものだ。先々週、自分が自由であるために仕事が必要だと私は言った。だが、仕事は人を自由にしない。仕事の拘束に耐え、義務を背負い、りっぱにまっとうして成果を出したものにだけ、対価として自由は得られるのだ。

仕事は人を自由にはしない。人生を楽しく豊かにする、とはベクトルが別物だと私は思う。仕事は自分に「制約」を課すし、「制限」をかけるし、肉体的にも、時間的にも、知的にも、「拘束」する。

仕事は人を縛る。

自己実現と仕事が混線しがちな若者に、伝えなければいけないことのひとつは、基本、仕事が、厳しく苦しい「拘束」からはじまるということではないか。
自戒をこめて、いま私はそう思う。

自己表現と自立と幸せになること

「働きたくないあなたへ」といっても、これは、全国の働きたくない人を働かせようというシリーズではありません。あくまでもここでは、

1. 学生など「未社会人」で、
2. 働きたくないと初めからどこか「捨てた」構えで、
3. いま「就職活動」をしている（結局、就職はする）

ごく一部の若者のことをさしています。

専業主婦など、自分の意志で「働かない選択」をした人をとやかく言うものでは、まったくありませんし（実際、私の母も専業主婦ですが尊敬しています）、ましてや、すでに社会に出ているおとなの、私生活優先などの働き方を認めないというものでも、ぜんぜんありません（私自身、働かない・働けない経験があります）。

また、圧倒的多数の若者は前向きに就活しています。私が講義している大学でも、能力・意欲ともに高く、こちらが恥ずかしくなるくらい立派な学生も多くいます。「これからの若者のために何ができるか?」そこを念頭におくとはいりやすいことをガイドしておきます。

さて出発点に戻って、そもそもこのシリーズを書くきっかけとなった教育現場に話を戻そう。

ある日、いつものように大学生の就活サポートをしていると、強烈な違和感を持って、学生の、この言葉が耳に入ってきた。

「楽しく生きる」

一瞬、ほかのことが吹っ飛ぶほど、わたしはその言葉に凍りついた。なぜだかわからない。現場の肌感覚? 直感? でも、26年も教育に携わってきて、それは、明らかに初めて味わう、ニュータイプの衝撃だった。

会場にはたくさんの就活生がいるのに、決して大きな声では話していない、その学生の「楽しく生きる」という言葉だけが、なぜか切り取ったように耳に入ってくる。

あまりにも浮いた響きだった。

　こわごわその学生を見ると、とても清らかで、澄んだ、素直な容姿をしている。きちんと大学に通い、好感を持てる学生だ。まったく悪びれた様子なく、つくっているのでもなく、ほんとうに真面目に、素直に、こう言った。

「人生の目標は、楽しく生きること。だから、働きたくない。でも、お金だけはほしい。お金は本当にほしい。だから、玉の輿にのりたい。就活は、お金持ちの結婚相手を探すために必要だからそれなりにやる」

　まるで弾丸に撃たれるようにこれらの言葉がずんずん響いて胸が苦しくなった。あきらかに私は動揺していた。

　その後、数は多くは無いものの、同様のことを言う学生に、一人、また一人と出会い、「いかん、こりゃ、ちがう！」何かしなければという強い衝動にかられた。「いかん」というのは、学生が悪いわけでも、能力が無いわけでもない。むしろ、高い潜在力を感じる学生たちだ。

「いかん」というのは、こっち側の、私たち大人が、アナウンスしそびれているんじゃないか、という感じだ。「お金」に強い欲求をもち、「楽しく生きる」を信条にし、そのモノサシで同列に就職を語る。「結婚」とか「彼氏」とかの話を就職の話に同列に、混在させる。

「自己表現」と「自立」と「幸せになること」。

イチローのように、この3つを天職でまっとうする人は、ごく一部だ。金は要るけど働きたくないという人は、「自己表現」と「幸せ」への強い欲求をもち、その一方、「自立」への欲求は薄いどころか、まだ育っていない。

あまり良い喩えではないが、私が感じた違和感を伝えるのに、他に方法が浮かばなかったので、「たとえ話」にしてみた。この「たとえ話」には、誇張も歪曲(わいきょく)もあり、実際の就職問題とは異なることも多くある。不快になると思うが、読んでほしい。

ある家族で、お母さんが病気になり、介護が必要になった。

父親のいない4人きょうだいで、長男は、きょうだいを集めて、こう言った。

「今日から、ぼくらで協力して、お母さんの介護をしないといけない。みんな、まず、やりたいことを言ってほしい」

妹は、「私は料理が好きだから、お母さんが食べやすく、健康に良い食事をつくってあげたい」。弟は、「僕は、体育会系で鍛えた足腰がある。お母さんを抱いてトイレに連れて行ったり、お風呂に入れたりは苦じゃないから、まかして」。長男は、「僕は、建築が得意だから、トイレや風呂のバリアフリーを設計して改築をしたい」。

ところが姉は、「適当に仕事をふってよ、それをやるから」と言う。

弟は、「希望を出したほうがいいよ。姉さん、たとえ希望どおりにいかなかったとしても、介護はつらいから、はじめにちゃんと考えて臨んだほうが、納得感がある」。

姉は、「みんな介護に情熱があっていいわね。私は、みんなのように介護に意欲を持てないの。それよりも、いまは人生のパートナーを見つけたり、自分のための時間を大切にしたいの」。

妹は、「私だって、いま彼氏と大変な時期だよ。でも介護のことはちゃんと考えたほうがいいよ、何が好きとか、得意かとか。そのほうがお母さんだって喜ぶし」。

姉は、「あなたは好きな料理があるからいいのよ。介護が楽しいと思う人は、どんどんやればいい。偉いと思う。でも私は、楽しいと思えない人なの。何が楽しいかって、人それぞれの問題でしょ」。

長男は、「お母さんには、ここまで育ててもらった恩返しというのもあるんだし」。

姉は、「自分の人生、楽しく生きて何が悪いの。やらないって言ってるわけじゃないのよ、適当に仕事をふってって言ってんの。やるんだからいいでしょ。どうせ玉の輿にのって家を出るまでの間だし」。

長男・妹・弟「……」

以上のたとえ話で、もちろん、「親の介護となったら話は別」だろうし、そうとなったらやるだろうし、ということは十分わかるのだ。

マズイたとえで、何を伝えたかったかというと、「自分の人生をどう楽しく生きるか？」という問題というよりも、むしろ、良心に基づいての、前向きな「自己拘束」、「自分が楽しく生きたいという欲求を、どれくらい譲れるか？」の問題に近いんじゃないか。正解はないのだけれど、もちろん、本当の意味で「仕事＝楽しい」人もいるのでいちがいに言えないのだけれど。

私が教えている大学で驚いたのは、社会貢献への意識が高い学生が多いことだ。

遊びたい盛り、学業も忙しい合間を縫って、アジアのスラムにボランティアに行ったり、アフリカの支援活動に携わったり。好きでやっているというよりは、もう少し大きいところで責任をとっている。それって、個性とか人柄の差というよりも、「訓練」や「環境」の差が大きい。

帰国子女が多いのだ。海外で育っているうちに、「社会貢献」、「奉仕」の精神、もっと言えば「自己犠牲」の精神と責任や歓びを身につける。未社会人でも、このような基礎トレーニングを受けていると、いざ「仕事」を考えるときに、自然ともう、他者や社会のことが射程距離にはいっている。未社会人の間に、タダで食べさせてもらい勉強させてもらったぶん、ひろく社会に「還元」しようという意識が教えられなくとも、もう、自然と芽生えている。

大学まで自分のためだけに進路を選んできた人も、ここからは少し違う。「社会性」が加わる。仕事とはどういうものか、事前のきちんとしたアナウンスが受けられず、「社会貢献」とか、頭ではわかっていても実体験がなく、実感がわかず、ウチの手伝いさえ免除されてきた人が、人生ではじめて、「やりたいこと」とか、「将来の目標」とか聞かれ、いままで閉ざされていた、自己表現や自己実現への欲求のフタをこじ開けられ、はじめて自分の人生を正面きって、まともに考えるようになったときに、「幸せになりたい」、「楽しく生きたい」、そのために「お金がほしい」、「結婚したい」と言うのは、無理もないことかと思う。「そりゃあ、そうなるよなあ」というか、だからこそ、悔しい、というか。

「自己表現」と「自立」と「幸せになること」。

この3つのフタを、就活という必要に迫られ、一気にこじ開け、混乱させるのでなく、もっと早くから、分けて、考える機会を与えてあげたい。

すでに社会に出た先輩たちの声をあげて終わりたい。

勤めだして4年目になります。

かつて自分自身も「働きたくない」という学生でした。自分のやりたいことってなんだろうと堂々巡り、不安を抱え、まるで動けない時期、教授に言われたのが、

「好きなことは続けていいけど、期間を決めて、何かひとつのことをしたほうがいい」

「自分のやりたいことじゃなくて、自分を必要とする人のために動くべきだし、その時期だ」

当時はぴんとこなかったのですが、今になって、少しずつ意味が分かってきたように感じます。好きなことをしていた頃は楽しかったですが、そこでは自分に都合のよい人しか出会えていませんでした。仕事だからこそ、自分の都合を超えた出会いを与えてくれるし、枠を広げてくれているように思います。

実際に自分を広げてくれるものは、自分の思いや願望とは無関係の、外の世界から与えてもらえる。ただそれは、自分のやりたいことなどに固執(こしつ)していると、なかなか出会えませんし、出会えてないことにすら気づきません。（たまふろ）

大学卒業後2年間、引きこもり・ニート・無職・家事手伝い、と称されるような生活をしていました。「自己実現」や「夢」を喧伝(けんでん)する「就活」が気持ち悪く、不安ばかりかきたてられ、自己分析をしようとするのに自己嫌悪にしかならず、そのうち負のスパイラルにはまっていました。

そんな私も、今年の1月で、社会人2年目になります。

確かに、仕事には「束縛」されています。つらいことも、苦しいことも、理不尽なことも、嫌なことも、いっぱい、いっぱい、いっぱいあります。でも、あの、何にも「束縛」されていなかった2年間にくらべたら、どうってことないな、と思うんです。つらいけど、つらさの種類が違いますから。「行く場所」がない、「やるべきこと」もない、「社会とのつながり」がまるでない。そんな状態は、自由でもなんでもなかったです。少なくとも、社会から承認され、自分で自分を承認できることが、「自由」の前提にあるような気がします。

今でも私は、「自己実現」も「夢」も「やりたいこと」も「好きなこと」も、よくわかりません。けれど、自分が「出来ること」にも「出来そうにないこと」にも、挑戦させてくれる今の職場は、つらくても刺激的で、総合的には面白いです。私は、どんなにつらくても、体力と精神力が続く限り、「働くこと」をやめるつもりはありません。

「働きたくない」と言う、少し年下のひとたちに私が言えるのは、「でも、働かないのって、そんなに楽しいことじゃなかったよ?」ということです。

（社会人2年目）

現在26歳の男です。

僕は今、無性に「働きたい」と思っています。会社を辞めて半年。次の仕事は満足できるものにしたい、と考えるとそう簡単には決まりません。

貯金も底を尽き、アルバイトをしながら長期戦のつもりで仕事探しを続けよう、と考え始めたところです。大学在学中に、「みんなやっているから」就職活動をして、「文系の学生には一般的だから」営業の仕事を選び、「上場企業で安定していそうだから」入った会社では、僕は「働くこと」の意味を見出すことができませんでした。

今思えば僕は、まるで受験勉強のような「就職活動」という錯覚をしていました。高校受験、大学受験、そして就職活動と、世間的により良いとされているハコに自分を所属させるための作業にばかり没頭し、肝心な「なんのために働くのか」「働くとはどういう事か」という事に対しては、思考停止を起こしていたのだと思います。（26歳　就活中）

就活中の友達がこぼした本音の中に印象的なコメントがありました。

「頭のいい子は小学校から何の仕事に就きたいか考え、キチンと会社に入ってる。なぜにそれを考えられなかったのか、やはり今でもわかりません」（みるくねこ）

32歳男性です。

私は医学部の学生をしています。

医師不足の時代なので医学生はそこまで熱心に就職活動をしないでも、それなりの病院に就職できます。自己実現を煽（あお）るような面接試験も、ありません。どこ大学で、クラブは何をやっていたかとか、じゃあ誰の後輩だとか、そのぐらいのことしか聞かれません。医学部に入った時点で、自己について根本的に問い直すことは免除されており、残るは、せいぜい何科の医師になるか、どの大学で研究するかの選択ぐらいです。

それと比較して企業面接は大変だと思います（自分も経験しましたので）。まず学生は、あらゆる選択肢を考えなければならないです。業界選びからしなければならない。仕事を選ぶには、選ぶ自分ができてなければならないので、それを急ごしらえするのが自己分析です。

このように若者をハイテンションに追い込み競争させるのは、企業が若者を選びやすくなるからであり、不景気になればなるほど、就活学生は精神的に危険な状況に追い込まれるでしょう。

とすると根本的な問題は、学校教育の中で、選択の蓄積がないことだと思います。18歳ぐらいまで偏差値競争をしながら大学のランクと理系文系の選択ぐらいしかしていません。何をしたいか、何が好きか、そんな事を考えていたら、偏差値競争に置いていかれるという焦燥感の中で中高生時代を過ごさざるをえません。自分の価値観についてじっくり考える時間は、競争には邪魔なのですから。その先送りの選択の末に大学に入り、2年半ぐらいのんびり過ごしたらもう就職活動というのが現在の若者の心の風景ではないでしょうか。

自分だけが大事にしたい価値とは何か、それに基づいてどういう風に社会と向き合っていけばいいか。そういうことを考える機会が、子供から大人になるまでに、学校、家庭、地域の中に無ければならないと思います。でなければ、偏差値競争の延長線として、勝ち組・負け組競争が生涯にわたって続くだけではないでしょうか。　（32歳　医学生）

今、私は無職です。

20年近く勤めた会社をやめ、いま求職活動中です。会社を辞める、そして今色々と履歴書を送りながらたくさん考えました。以前はSEをしていました。20年たってやっとわかったことです。

自分は「ありがとう」のために働いていました。

24時間365日、携帯電話やPCを持ち、夜中にたたき起こされても休日に旅行先から呼び戻されても「ありがとう」があれば働けました。一生懸命働き、自分なりに真剣に仕事に向き合ってきたつもりです。おかげで、やめる前には「仕事に困ったらうちにおいで」と言ってくださるお客さんがいてくださいました。

たくさんの方の「ありがとう、頑張ってね」の言葉を背に、今、活動できています。うまく言えないのですが、全力でやって、自分とも周囲とも本気で向き合って初めて何かを得られるのだと思います。それなりの仕事をそれなりにする、それもいいでしょう。でも、そこからは何も得られない。1日のほとんどを持っていかれる仕事に、それはもったいないような気がするのです。

今日も午後から面接です。いってきます。（〃t〃）

以前新聞で、美輪明宏さんが仕事をしたがらない人に対して、「お給料は我慢料です」というようなことをおっしゃっていました。本当に毎日楽しくて、充実感いっぱい、この仕事をやっていて幸せでしょうがないという人がいったい何人いると思っているのか、そんなもの絵空事です、というようなことだったかと思います。（M）

仕事をすること、働くことは、＝税金を納めることだと考えます。

税金を納めるというと何かお金の話で汚れた感じ・イメージを持つ人もいるのでしょうが、税金は結局は人のために、そして自分に返ってくるものだと思うからです。「税務署の人間」でも「憲法論者」でもありませんが、基本です。

まずは、働いてから考えてもよい。に賛成です。しかし、就職できない人が（大学生や若い人に限らず）ほんとにたくさんいます。私も40代で3回転職していますから、ほんとに就職する大変さがわかります。

でも、いろんな（ひとの）考えがあって、悩みがあって、答えがあっても、結局は自分で考えないと、ね。（47歳、男、会社員）

たびたび「自己実現」という言葉が出てきますね。

この「自己実現」という言葉の中に、この言葉を使う人の背景に「自己中心性」が見えることがあり、とても気になります。自己実現とは、単に自分のやりたいことをやる、自分の好きなことを実現する……ということでしょうか。

自己実現の先に人生を自分の思い通りにだけしていたい、自分の思い通りにならないのならあきらめる、それなりでよい、という自己中心的な思いが隠れているように感じて、そのことに引っかかりを覚えました。仕事にしても、たとえば結婚したいという願望にしても、同じことが背景にあるような気がします。自分の願いだけをかなえたい。私が幸せになるために、仕事や結婚がある。自分の幸せのためだけに何かを手に入れたい。

そもそも、仕事って自分のためだけにするものではないと私は考えます。クライアントのために、そして組織のために社会のために自分を犠牲にする（という表現は大袈裟かもしれませんが）ということなしに、本当の仕事はあり得ないと思います。だからと言って、組織側から一方的な過重労働や、ノルマを受け入れればよいというものではなく。

仕事は人に喜んでもらうためにするものではないでしょうか。

また、結婚したら幸せになれると考えている人のことも、私はどうも理解ができません。自分が幸せにしてもらうことしか考えていないとしたら、それはとても自分勝手なことだと思います。

家族って、相手のために自分を犠牲にすることができないと本当の意味で支えあうことはできないと思います。ズーニーさんが時々お母様のお話を出されますが、家族のために自分を犠牲にして、家族を支えようとすることは、とても素晴らしい仕事だと私は思います。

自己実現もそうですが、「自由」と「自分勝手」という言葉も多くのところではき違えているのではないかと感じることがあります。自由は本来責任とセットで得られるものです。自分の自由意思で選択し、行ったことの結果は自分で責任を持たなければならないはずですよね。

「あきらめ感」の中に、どうせ自分の思い通りにはならないし……みたいなものを感じてしまいました。その背景に「自分のことしか考えていないんじゃない?」っていうことが私には見えました。

いま多くの人が「自分さえよければいい」という無意識の意識の中に生きているような気がしました。生きていくって楽なことばかりではないし、どんなに好きな仕事をやったとしても、自分の夢を実現するために取り組んでいる過程にあったとしても、楽しいことばかりがあるわけではなく、自分の思う通りに進んでいくわけではありません。

それでも、自分の思い通りにならない現実をまるごと引き受けても、私はこのことのために自分の能力と時間をささげたいと思うこと、その先に自己実現ってあるのではないかなって思うんです。

自分だけが幸せになればいいという選択ではなく、自分以外の誰かを幸せにするような選択ができるようになってほしいと思います。そうはいっても、人って自己中心的な存在です。私自身の中にも、当然自己中心性はあります。そのことを無視して人のために……というのは単なる偽善だと思います。

自分の中にある自分がかわいい思い、自分が満たされたい、自分が必要とされたい、自分が愛されたい、自分に関心を持ってほしい、そういう思いをわかった上で、自分が人のためにできることは何かを考えていけたらいいなと思います。　（A）

体も心も、人はいつも程よい熱が必要です。

体は熱を作り出して動き、気持ちは熱を伝え合って動きます。そしてその熱は、与えあって増幅するものだと気付かずにはいられません。

社会から温めてもらうには自分が社会を温めようという気持ちが必要なのだと働く中で気付きました。人と人も、企業と人も、社会も人も、温めあうことで互いに活性化する。温めてもらうことだけ求めれば、その人は熱を奪う存在となってしまいます。発熱することを止めた体を温めるのはまるで死体を温めるようなもので、そうそう温まるものではないのは確か。温めてもらうには自ら発熱し続けるしかなく、発熱し続けるためには歩き続けるしかない。

疲れたら休んでいいから、とにかく歩き続けるしかない。ゆっくりでもいいから、自分のペースで歩き続ければ必ず着く。いつか、どこかに着いたなら、次のステップを求めて歩き始める。どこにいても、それが歩き続けた結果ならばその人は冷めない。たとえ玉の輿に乗れたとしても、冷めないためには結局、歩き続けるしかないと、思うのです。

前々回のコラム「行く場所と帰る場所」の最後の「就活まっただなか大学三年生さん」のメールから、歩き始めた熱が伝わってきました。その熱を必要とするところが必ずあるし、それがきっと一つ目の居場所になる。

（Ｓａｒａｈ）

社会に出ても保護者がほしい

「楽しく生きる」

就活生セミナーの広い会場で、学生のこの言葉が、耳に飛び込んできた瞬間、前後の文脈も、わけもわからず、私はどきん！　と凍りついた。現場の肌感覚か、26年教育の仕事をしてきての経験からくる直感か。とにかく理由のない衝撃だけがまず先にあり、話を聞いたのはあとからだった。あとから前回書いたような話を聞き、聞いてさらに衝撃を受けた。ひきつづき、この問題を考えてみたい。

まず、「楽しく生きる」を弁護する声、学問の現場にも「楽しく生きる」人がいて困るという声、違う立場の、2通のおたよりから紹介したい。

〈何となく他の力で〉

「楽しく生きる」すごくよく分かります。

幼い頃から将来のことを考えろ、と言われ続け、受験も、就職も、将来楽しく生きる為、と言われ続けた大学生は、ずっと将来の為に、今楽しくない時を過ごしてきたのではないでしょうか。でも、いざその将来が来てしまうと、やっぱりちっとも楽しそうではないんです。親を見ても、周りの大人を見ても、ずーっと一生懸命働いて、気が付いたら取り返しがつかないところに来てしまっていて……。

実際に自分が仕事についたら、周りの人のこと、お客様のことを考えて、一生懸命仕事をするだろうな、ということが分かってしまう。じゃあ一体自分はいつになったら楽しく生きられるんだろうか。

そして、働きたくない、と思うようになったんです。今、この流れに乗って働いてしまったら、もう降りられないような気がする。今までと同様、何となく流れていってしまう気がする。それがすごく怖いように思えました。

結婚したい、とかお金が欲しい、というのもそこで区切りが欲しい、ということなのではないかと思います。

特に女性は、結婚するとこれまでと違った方法で人生を送ることが出来る。また、まとまったお金があれば、海外に行ったり、学校に行ったり、お金のことは考えずに、違ったチャレンジが出来る。貯金とか、年金とか、老後とか、何も心配せずに好きなことにいっぱいお金を使える。これから先ずっと続くであろう働く人生に、そこで一区切りつけることが出来る。しかも自分の強い意志ではなく、何となく他の力で。そのことがすごく魅力的に見えるのではないかと思います。実際に私の周りにいた子は皆卒業が近づくと一様に「お金があれば働きたくない」と言っていました。

私にとって、働き始める、ということは降りられない一生続くレールに乗ってしまうことのようで、すごく怖かったのを覚えています。だれも、いつどこで降りた方がいいのか、乗り換えた方がいいのかを教えてくれない電車に無理やり乗せられているような気になったからです。

（ちえ）

〈楽しく留学する人たち〉

「楽しく生きる」働きたくない若者。就活生ではないのですが、こちらで出会う日本人留学生についても同じようなことが言えると思います。

私はアメリカの大学院で教育を専攻しています。

ズーニーさんが強調していらっしゃるとおり前向きに目標をもって留学している学生の方が数としては多いのですが、やはり残念ながら全員ではありません。日本で受験を切り抜け大学に入って2年ぐらいが過ぎ、就職の話が聞こえてくると、働くことから、あるいは働くということを考えることから逃げるために留学を選ぶ学生がいます。とりあえずしばらく留学すれば英語もできるようになるだろうし学歴にハクもつくしその後はどうにかなるだろう、といったところでしょうか。ズーニーさんが出会った就活生と同じように決して悪い子たちではなく、むしろ素直ないい子なのですが自分で考える・見つける・進むということが苦手なようです。アメリカの大学という〝自由意志〟のカタマリみたいな場所だと特にその受身の姿勢が目立ちます。

修士論文の準備をしている日本人留学生がいます。

卒業まであと3ヶ月だというのに一向に論文が進まず、彼女の担当教授に「ひょっとしたらこちらの指示が聞き取れていないんじゃないか。日本語で聞いてやってみてくれないか」と言われました。話をしてみると彼女は指示を理解しているのですが、ただ自分の研究したいことが見つからないだけだと言いました。誰かが研究テーマを与えてくれたらがんばれるのに、と。

彼女は博士まで進みたいと聞いていたのでその目的のなさにも驚きましたが、「見つからないだけ」と言う彼女の「だからといって別に困っていない」様子にカルチャーショックというかジェネレーションギャップというか、とにかく衝撃を受けました。

そういう学生は留学も『楽しく』がテーマになっているのかもしれません。

もちろん20歳前後の学生が初めて親元を離れ外国に暮らすのですから、楽しいことばかりではありません。言葉の壁、文化の違い、勉強や友人のことなどで悩んだり落ち込んだりするのは日常茶飯事です。

そういうときに『楽しく』を持ち出してしまうと、テレビや映画を見て英語を聞いたからまぁいいか。珍しいものを食べたからまぁいいか。日本人の友達としゃべったからまぁいいか。ガイジンの彼氏・彼女ができたからまぁいいか……となって、つらいときに踏ん張らないクセがつくような気がします。それを続けていくと足腰が弱くなってどうしても誰かにおんぶしてもらいたくなる。

一緒に歩いてくれる人はいてもおんぶしてくれる人はいないいんじゃないかな、と思います。私は自分がいい年をして日本で働くことから離れ、恵まれた環境で研究までさせてもらっていることに後ろめたさがあるので、なおさらひっかかるのかもしれません。少なくとも私にとって留学は楽しいものではありません。（emi）

「玉の輿にのりたい」という学生について、仕事仲間のTさんが、こんな疑問をもらした。「彼女らが求めているのは、本当に夫なのか？」と。彼女たちの胸中を察すれば察するほど、彼女たちが求めているのは、夫ではない、魅力的な恋愛対象でもない、ましてや人生の伴侶などでもなく、「お父さん？」という気がする、というのだ。卒業すれば、社会的な意味でも乳離れを要求される。親や家族という古巣を追われるかっこうになる。

彼女らは巣立ちを表面的には受け入れつつも、その実、無自覚に、「つぎの家族」「つぎの父親」つまり、「つぎの保護者」を求めているような、そんな気がするというのだ。「依存」。

読者のりえぞーさんはこう見る。

〈結婚相手はお財布か〉

自分の好きなことしかしたくないけど、お金だけはほしい。なにもしないで、お金だけもらえればもっといい。つまりはそういうことで、それならば働きたくなくて当たり前だろうと思います。

「給料をもらう以上、プロとして最低限の仕事をして、社会と上手く関わらなければなりません」？

社会はそんな考えで上手く関われるようなところじゃないとあたしには思えます。誰だって、多かれ少なかれ、払ったものより多くのものがほしいと思う。みんなそう思うからこそ、自分にできるだけのことを精一杯やらなきゃお話にならない。

自分以外のひとのことを一体どんなふうにとらえているのか？　玉の輿に乗りたいひとにとっては、結婚相手はただの財布扱いだし。結婚が夢な男子学生にとっては、家庭は仕事をがんばらないための理由だし。自分以外のひとを、自分のための道具みたいに思ってるのかなあ。

（りえぞー）

「楽しく生きる」から、反射的に脳裏に浮かんだものが2つ。「寂しい国の殺人」と「女性による結婚詐欺」だ。「自己表現」と「自立」と「幸せになること」。

90年代に、村上龍が『寂しい国の殺人』で、少年犯罪を取り上げていた。あの事件を私は、「自己表現」と強く結びつけて考えていた。表現されない自己は無に等しいとされる時代、「透明な存在」である自己を、わかってほしい、認めてほしい、と強く欲求したとき、自己表現の手段を持っていなかったら？　生まれてこのかた自己表現の場もなく、力も鍛えていなかったら？　行き場のないマグマはどうなるのか？　ということについて、深く考えさせられた。

21世紀になって、「寂しい国の殺人」という言葉で浮かぶのが、女性による「結婚詐欺」だ。グルメ・エステ・高級ホテル・ブランド品など「快楽」に費やすお金ほしさに、複数の「婚活」中の男性から、お金を騙し取り、殺害したと、現時点では報道されている。真相究明はまだだが、これまでの報道で知る限りで考えると、この事件は「幸せになりたい」欲と強く結びついた犯罪だと思う。関心の範囲が狭く、最終的には「自分」しか視野にない。「結婚」「快楽」「人の金」。
なぜ「自分の手で」稼ぐことを考えなかったのだろう？

単純にそれが、不思議でしょうがない。複数の男性を次々とその気にさせるのもかなりの話術と労力が要っただろうし、殺人という決して許されない、危険な、とんでもないリスクのあることをやるのは、途方もないエネルギーが要る。そんな許されないことに使うエネルギーがあるのなら、プラスの方向に発揮すればよかったのに。プラスに向けて、早いうちからコツコツとまじめに働き、稼ぐ能力を磨き、社会にもまれて伸ばしていけば、騙し取ったお金より、はるかに多くを自分で稼ぎ、自分で得たお金で、グルメやエステ、高級ホテルに行くことも、ぜんぜん夢ではなかったのではないか。

なぜ、人のお金をあてにしてしまったのか？
なぜ、自分で稼ぐことを考えなかったのか？
なぜ、自分には稼ぐ能力があると信じなかったのか？
なぜ、「自立」を目指さなかったのか？

人生の岐路、あとは「自分を信じる」だけ、というところに、立っている人は多いのではないだろうか？「自分を信じる」と「信じない」の境界はなんだろう？根拠などまったくなくても「自分を信じる」ことはできる。どこかにあるかもしれない「他力」をあてにしている限り、自分を信じることはできないし、ましてや自分で立つ（＝自立）ことは遅れてしまう。

　これから社会に出るあなたには、立派に自立し、人や社会に役に立ち、その気になれば、年に何千万、何億と稼ぐことも決して夢ではない可能性がある。その潜在力に、気づけるか？　気づけないか？

「自分を信じる」と「信じない」の境界はなんだろう？　まずは、こんなところから切り替えてみたらどうだろう？

「幼い頃から将来のことを考えろ、と言われ続け、受験も、就職も、将来楽しく生きる為、と言われ続けて、ずっと将来の為に、今楽しくない時を過ごしてきた」ではなく、

「幼い頃から、将来のことを考えろと、おとなたちのありがたい叱咤激励をいただきながら、受験もさせてもらい、小・中・高それから大学まで出してもらい、私は、自分の意志で、楽しみを先送りする人生を、自分で選んで今日まできました」

「降りられない一生続くレールに乗ってしまう、だれも、いつどこで降りた方がいいのか、乗り換えた方がいいのかを教えてくれない電車に無理やり乗せられているような気になったからです」ではなく、

「就職を選ぶのは、ほかならない自分です。だれも鎖でつないだりしないのだから、最終的には、やっぱり自分の意志です。一生続くかもしれないレールに、乗る人も乗らない人もいますが、私は自分の意志でレールに乗ります。乗って、もし降りたくな

ったり、乗り換えたほうがいいと感じたら、すでに、降りたり、乗り換えた経験を持つ人に必死に意見を求め、必死に答えを探し、でもまた最終的には自分の意志で決めていきます」

このような表現の先に、きっと「自分を信じる」ことはできる！

きょうも先輩の意見を紹介して終わりたい。

今私は（司法試験浪人↓）法科大学院浪人生です。

都会の大学をへて田舎の自宅で浪人中の23歳です。

社会人一歩手前なヒトにとって、この特集はあまりに響きます。ありがとうございます。

宅浪していると、えもいわれぬ気持ちに毎日なります。不安のような、からっぽのような、ひとりのような、自分が空気のような、とにかく社会との接点がないと毎日つらいです。同じような試験を受ける友がいれば、勉強法など教えあったりして、刺激しあいながらできるのに、と思いつつもかないません。でも、将来の選択肢を自由に選ばせてもらって勉強しているのだから、かなり親の理解があるほうで、ありがたいです。

そんなこんなで、昨今、いったん弁護士という選択肢をおいといて、自分は将来どんな生き方をしたいのか、何をしたいのか、どんなふうに仕事を通して社会とかかわりたいのか、いろいろ本を読みつつ、本気になって考えていました。それで、いろいろいろいろ考えている中、一つの結論が出ました。

社会人になって個人として社会的な責任を負うことを怖がるな、ということです。当たり前すぎてふっと笑われてしまうかもですが、これに初めて気づいたんです。私は、まだ学生気分だったんですね。きっと今もまだぽやーんとした学生気分です。どの職業も、社会人になると責任が多分に増します。特に弁護士なんて、個人として負う責任がとても大きいです。でもそれを怖がっていたら、社会人にはなれません。私はいろいろ保守的に考えすぎていたみたいです。あれもだめこれもだめじゃあ全然前に進みませんでした。なぜ弁護士になりたいか、それは弁護士じゃなきゃだめなのか、なども改めて再び考えました。自分なりにいろいろ行動してみて、やっと少し見えてきたように思います。

（ゆきんこ）

楽しく生きる、大事なことですが消費したり受け取るだけの楽しさはあっという間に底をついてしまいます。そういう楽しみには、お金がいくらあっても足りないのです。（Y）

「楽しく生きる」ことは賛成です。

誰もが反対しないでしょう。ひとそれぞれに「楽しく生きる」価値基準や行動基準があると思います。「玉の輿」も「楽しく生きる」手段としては、いいかもしれません。でも、きっとそういう人の欲望にはきりがなく、さらなる「楽しく生きる」ことを求め続けるのでしょうね。

井上陽水さんがテレビで歌ってました。「限りないものそれが欲望、流れゆくものそれが欲望」。40年前に。

（47歳、男、会社員）

「働きたくない」人へ。

「仕事はしたくない。でも、お金はほしい」。本気の本気でそう思うのなら、「仕事をしないで、お金を手に入れる方法」を本気の本気で考えてみたらいいと思います。

そんな方法が本当に発見できたのなら、それはそれで素晴らしいことですし、考えている間は、「考えること」自体がもうすでに、その人の仕事になっているのではないでしょうか。

仕事とは、会社に就職することだけではありません。仕事とは、「かまえてしまう」ほど遠くにあるものではなくて、ごく身近にあるものだと私は思います。

（みずまる）

僕は社会人20年生です。

僕は学生の頃からずっと「楽しく生きたい」と思い続けてきた一人で今もそう思い続けています。僕は「楽しく生きたい」と願うことを考え直す事は難しいと考えています。

ただ方法論が間違っている。楽しい仕事に出会うのは難しい。だから、遊んでいたい。となるのは、「そこに楽しみを見つける」能力がまだ備わっていないだけだと思います。選択肢の多い世の中では「より多くの楽しみを提供してくれる」方を選んで生きることに慣れすぎていて、「見つける」ことができないのです。楽しみを見つける能力の有無で人生は変わると思っています。 (24)

私は大学卒業と同時に子どもを授かったので、働いたことはありません。

子育てをしていると社会から遠ざかっているように感じ、「そのうち働かなくては、そのために今のうちに何かをしなくては」と焦ってしまうことがありました。そのために子育てがストレスとなり、家事もおっくうとなり、子どもと向き合ってため息のでることもありました。子育てをしている間に、大切なものを見逃してはいまいか、と不安になっていたのだと思います。

でも今は「子育てを通して社会と立派につながっている」と思うことができます。私は今子育てに束縛されていて、そこが私の居場所で、ここから社会とつながるのが私の仕事なのだ、と。

「スイミー」という絵本があります。小さなさかなが集まって大きなさかなを作り自分たちよりも大きなさかなたちを追い出す、というお話です。その中に、

「けっしてはなればなれにならないこと、みんなもちばをまもること」

という言葉があります。私たちは小さなさかなが集まって大きなさかなを作っているのだと思います。だから、今私がいる場所が私のもちばであって、そこを私がまもらないといけないのです。「自己実現よりも大きな何か」に私たちは束縛されていて、それを知って自分のもちばをまもることで自己実現もかなうもののように今は思います。

どんなに選択肢があっても、どれを選んだらいいのかわからずにいる間は自由にはなれない。あるいは無限に選択肢があるだけではどこへもいけない。もし今その間で立ち尽くしているのなら、それは本当にもったいないことだと思う。今自分が立っている場所をもっとよく見渡したら、きっとそこに自分の探しているものがあるはずです。見慣れすぎていて見ていなかったものが絶対にあるはずです。

（いずみ）

早く死にたい

前回のコラムに、ものすごい数のおたよりを、その数だけの経験と知恵をほんとうにありがとう。

原点にもどって、私はなぜ、就活生の「楽しく生きる」という言葉に凍りついたのだろう?

あのとき私は、あきらかにうろたえていた。26年教育の仕事をしてきて、過去に、同等の衝撃を受けたことは一度だけある。それは、ひと言でいって、「考えないという傷」に触れた瞬間だった。

90年代、まだ小論文の編集長をしていたとき、17歳の女子高生の、わずか600字の小論文に、「とりあえず」が頻発する奇妙な答案を見て、戦慄(せんりつ)が走った。

彼女の文章には、「人生はとりあえず進学、とりあえず就職、とりあえず結婚、とりあえず老後といった、イベントを片づけ……」とあり、ある人が、「考えるのを放棄してその結果、苦しんでいるように思えてならない。進路選択が苦しいと自覚している子はまだいい。〝なんとなく〟で生きている子ほど、今受けている傷は深いんじゃないか」と言った。

考えないという傷は、「自分と自分が通じていない傷」だ。

考えるとは、「自分に問う」ことだ。考えることを通して、自分と交信し、自分という氷山の奥底にある、自分の想いを汲みあげ、言葉にし、表現する。考えることを通して、自分らしい言葉・行動が生まれ、自分らしい選択ができるようになり、選択が意志になり、進路になる。

この女子高生も「問い」という道具で、「考える方法」を手にしたことで、驚くほど自分らしい表現ができるようになった。このときの手ごたえ、歓びがいつまでも消えず、フリーランスになってまで「考える・表現する」教育の仕事をする動機にもなった。

同様に、どこか降りた気持ちの就活生も、私が講師を務めるセミナーで、「考える」ことを通して、自分と通じ、仕事と通じ、社会と通じる方法を手にしていく。このシリーズを書くきっかけになった就活生たちも、セミナーの終わりには、「自分と仕事と社会」をつなげて語り、同世代の多様な発表も聞き、響き合い、まるで息を吹き返したように、「話す」「書く」、主体的な就活のコミュニケーションができるようになっていった。

もともとの素地が悪いわけでは決してない。潜在力は充分だ。ただ「通じてない」だけなのだ。17歳の高校生が、「自分と通じる」ことに不具合を生じていたのだとしたら、

働きたくないという就活生は、「社会と通じる」ことに不具合を生じている。

小・中・高、人によっては大学まで、おとなに依存するカタチで生きてきた人も、就職のタイミングで、自立への波が外から押し寄せる。直接、社会と「へその緒」を結ぶ構造改革が迫られる。おおきな、おおきな、生き方の構造改革だ。ただし怖いことでも、高尚（こうしょう）なことでもない。私は、全国さまざまな大学を就活セミナーでまわっているが、偏差値とか、目的意識とか、学年とかに関係なく、早い人は、ゼロからはじめて、たった3時間半のワークショップで、社会と通じるための設計図が描ける。

まず、自分という氷山にもぐり自分と通じ（自己理解）

次に、目指す仕事について掘り下げ（仕事理解）

業界をめぐる社会背景やお客さんについて理解する（社会認識）

ここからが肝心で、「自己理解」と「仕事理解」と「社会認識」をつなげて、「将来の展望」、つまり、「その仕事に就いたら、私がやりたいこと」を打ち出す。

たしかに、「社会と通じる」は、一見して「自分と通じる」より、はるかに難しい気がする。

「自分と通じる」は、乱暴に言うと、自分という氷山にひたすらダイビングを続けていれば、いつか、氷山の底にある、自分の本意と通じる。しかし、「社会と通じる」は、自己理解にとどまらず、そこに、将来顧客になる「他者」や、「社会」への理解が加わるし、「自分と仕事と社会」をつなげて語るという、「関係づけ」の作業も加わる。

けれども、とりたてて難しいのでなく、思考の作業工程が増えるだけなのだ。「仕事」への知識が足りなければ、見たり聞いたり調べたりして補い、自分を掘る、仕事を掘る、社会を掘る、その3つのつながりを見つけようとする、これを愚直にやるうちに、いつか三者がつながってくる。そこに、自分と社会を「へその緒」でつなぐ設計図もできている。

原点にもどって、私はなぜ、就活生の「楽しく生きる」という言葉に凍りついたのだろう?

ただ、社会にデビューする手前で、接続工事がうまくいかないのだと、それなら自分が産婆として、突貫工として、どうサポートしようと、ただそれだけなら、そんなに、衝撃を受ける必要はなかったはずだ。

あの胸が苦しいほどの動揺はなんだったろう?

前回、ものすごくたくさんいただいたおたよりを、ひとつひとつ深い内容に打たれながら読み、なかにこのメールを見つけたとき、心を射抜かれたように涙が出た。そして、涙がとまらなくなった。

〈「働きたくない」というあなたへ　を読んで〉

「楽しく生きる」とは「楽に生きる」ということなのだろう。

しかし、「楽に生きる」ことはできないと思う。

なぜなら、「生きる」=「活きる」とは「成長する=成長実感を持つ」ことだから。人はなぜ、「活き」続けられるのか。それは、成長実感があるからだと思う。昨日できなかったことが今日できた。この前まで分からなかったことが、分かった。私のしたことが感謝された。私は、感謝されることができる人間なんだ。そんな成長実感が、明日も生きる力になり、そんな成長実感を求めて、明日を迎えるのではないか。

もちろん、何かを得るばかりではなく、年齢や様々な障害によって、失くしていかなければならないこともある。しかし、そんな人達も失くしたことで新しい視点や、境地を得ることでいき続けようとされている。

人には、どんな些細なことでもいいので「成長」は欠かせないものである。そして、成長を諦めた、捨てた人は「死んでいる」のに等しいのではないか。結果的に「楽しく」成長できたとしても、「楽に」は成長できない。だから、「楽しく生きる」ことはできないと思う。

人はなぜ、働き続けるのか。お金のためだけでは、働くことはできても、働き続けられない。

「働く場」が最も成長実感を得易いからではないか。（この場合の「働く場」には、主婦としての働く場。母親の子育ての場も含まれる。）

「楽しく生きたい」という若者はイコール「早く死にたい」という若者。だから、みんな放っておけない。

（森　智貴）

「早く死にたい」。

このメールの、この言葉を読むと、何度読んでも泣ける。

まさにそのとおりなのかどうか、いま、頭で把握することができないが、あのとき私が受けた衝撃度は、まったく、こう言われたのと同等のものだったと、体が納得して聞いている。

もしも、目の前で、前途洋々たる若者が、存在がきれいで、頭もよさそうで、自分には希望に満ちて見える若者が、そう言ったとしたら、耳にその言葉が飛び込んできたとしたら、「実は私も……」「そうそう、私もそう思っていたの」「私も早く死にたい」と、もしも言い合っていたとしたら、聞いている私の衝撃、動揺、これはいかん、という気持ち、どれほどかと思うが、そう言われたのに等しい衝撃だった。

言葉は氷山のようなもので、「大好き」という気持ちをもっていれば「バカ」といっても、なぜか、聞く人には温かく響く、それくらい、言葉を発する人の「根にある想い」は、にじみ出てしまうものだ。「楽しく生きたい」と言っていた学生は、本人の意識としては、文字どおり、そのまんまの意味でそう言っているし、聞いても、それ以上の意味はないと言うだろう。でも私には、こう聞こえていたのだ。

「助けてほしい」

自らの意志で、進むことを降りる、成長を願うことを捨てる、と言われるのは、教育に携わるものにとって、早く死にたいと言われるのと同等の、なんとも悔しく、残念で、諦めきれないことだ。「楽しく生きたい」と言った学生は、意識して、「降りた」「諦めた」「捨てた」と言いながら、その実、無自覚に心の底では、「社会と自分がツナガラナイ」、「助けてほしい」と言っている。そう私は聞いた。

私も、16年の会社員生活の最後、38歳の人生の岐路で、2つの道を示された。

ひとつは、このまま会社に残る道。ただし、それには条件がある。16年のキャリアをゼロにし、頭を真っ白にすること。現状維持どころか、16年創意工夫をつみあげてきた編集者としての、経験も知恵も技術も全部捨てて、新しい部署で、自分にとっては「後退」ともいえる、仕事のやりかたを受け入れること。

もうひとつは、一人で社会に出る道。それまで16年会社員をしてきて、恥ずかしながら、会社員という生き方しかわからなかった。あてなく会社を辞める道は、とんでもなく無謀で、私も、おおきな、おおきな構造改革、「会社を経由した社会とのつながり」から、「ダイレクトに自分と社会をつなぐ」ことへの改革を求められた。

成長を止め、少なくとも1年会社に残って様子を見るか、それとも、まったく無謀に大海原にたった一人で漕ぎ出すか。選択がとてつもなく怖く、3日間、脳が興奮して一睡もできなかった。

それだけ大変な思いをして会社を辞めたというのに、社会と自分がいっこうにツナガラナイ、そんな日々が続き、私も「諦め」ようとした。「昔の人は人生50年って言ったんだから、それに置き換えたら、38歳まで働いたんだから、あとは、もう働けなくたって、老後と考えてもいいじゃない」と、わけのわからぬ理屈をこねくり回して、私もなんどか「諦めた」と言おうとした。

会社を辞めて3年経っても、まだ、「社会と自分がツナガラナイ」自分は、とうとう3年目の終わり、母に「諦めた」と宣言した。しかし、どうしてか、「諦めた」と口で言うたび、心がうらはらな悲鳴をあげていた。

「助けてくれ」

私には、あの会社を辞めるか、残るかのとき、選んだものがある。いまは、はっきりわかる。16年企業で、辞めて9年フリーランスで、ずっと「教育」の仕事をやってきた私が、人生の岐路で選んだもの、それは、「進み続けること」だった。

自分がいままでやってきたことをドブに捨てる自由が自分にはあると言われたとしても、なお、それでも私は、自分がいままでやってきたこと、どんなにささやかだろうが、ちっぽけだろうが、いままでやってきたことを信じて、「その先へ」進み続けることを選んだ。たとえ1ミリでも、2ミリでも。進めない日は、1年でも2年でも、同じ箇所で足踏みしてでも、でも一歩も後退はしない。次の一歩はこの先に出す。それが会社を辞めた自分の意地だ。


「働きたくない」というあなたへ。

あなたもあのときの私とおなじくらい、「これまでと同じ」「なんとなく」ではやり過ごせない、構造改革を求められ、しかも外から迫られ、わけもわからず、無自覚なまま、自分と社会をつなげなきゃいけない岐路で、つながらず、「諦めよう」としているのかもしれない。でも、諦めなくていい。

自分も一度は諦めかけた人間だ。えらそうなことは言えないが、でも、諦めちゃいけない。

あなたには潜在力がある。

生きている限り、それを生かし、伸ばさなくちゃいけない。


現在就活中の読者の、このおたよりを紹介して終わりたい。

〈気持ち悪いと言われたって、いい〉

はじめまして。ズーニーさんの記事を読み、新たな観点や問題意識を見つけては、ほほーー！ と刺激を受けている大学3回生です。

今回の働きたくない人の記事はズーンと胸に響きました。楽しく働きたい、お給料の良い人と結婚したい、そんな想いは私にもあります。仕方ないじゃないか！ という怒りと本当にそれでいいんだろうか……という振り返り、私なんか社会に出て何が出来るんだろうか……と自己嫌悪に侵され泣き続ける日々。

でも、今日企業説明会で頑張ってみたんです。みんなの前で社会人の方に手を挙げて質問することはとっても緊張することでした。「うわー質問の仕方下手だなー」「声上擦(うわず)っちゃってるよー」と思われるのが怖かったんです。

でもやってみたらすごく爽快感があった。醜くても傷だらけでも這(は)いずってでも前に進んだら自分は成長出来るんだ。毛虫みたいに鈍くて気持ち悪い見た目でも、ノロノロ頑張って歩いているのを見ると可愛く見える。そんな私でありたい。傷ついてでも挑戦することに意味があるんだ。

私は傷ついてでも会社で働きたい。

いっぱい傷ついて泣いて笑って、おっきな人間になりたい。

ズーニーさん、考えさせてくれてありがとう！ 就活頑張ります！

（toki）

自分を損なう生き方

前回、「早く死にたい」という、あまりにも意外な言葉に出くわし、頭では受け止め切れなかった私だが、なるほど体に感じた衝撃は、就活セミナーで、「楽しく生きる」という言葉に凍りついた瞬間とそっくり同じであったことに打たれてしまった。そして、涙があふれ、とまらなくなった。

「考えないという傷」が、「進路選択にしても、受験勉強にしても、苦しみを自覚している子はまだいい。〝なんとなく〟で生きている子ほど、いま受けている傷は深いのではないか」だとしたら。これになぞらえて言えば、就活がツライ、やりたいことが見つからないと悩んだり、苦しんだりしている人はまだいい。〝楽しく生きる〟でやりすごそうとしている人ほど、いま受けている傷は、深いのではないか？　読者のベルさんはこう言う。

〈「諦め」と背中合わせに揺れるもの〉

現在就職活動中の、社会人11年生です。

「早く死にたい」。衝撃的な言葉でした（こんな力がある読者の存在にも驚きましたけど）。全く予想もつかない見解でした。同時に、以前読んだ本の中に、こんな言葉があってそれを思い出しました。

「世の中には20歳で死んでいるのに、80歳まで生きている人がなんと多いことだろう」

そしてズーニーさんの、「助けてほしい」の言葉を読んだとき、涙が溢れてきました。

私も今、就職活動中の身。でも、今のこの状況は、自分で選んでここにある。なのに、この言葉に心が鷲掴みにされました。やだ、あたしったら、そうだったの、と発見しました。社会と繋がれてない状態の人は、同じ叫びを抱えている。社会人経験がある人間ですら、諦めたい思いと常に背中合わせで揺れ動いている。学生さんなら、なおさらですよね。働きたくなくなる。でも、働かなくては生きていけないことも知っている。苦しいですね。

私は就職超氷河期世代なのですが、諦めませんでした。なんで諦めなかったのだろう？う〜ん、やっぱり……成長したかったんだと思います。知りたかったし、見たかった。やるしかなかった……かなぁ。

でも、今別のことで諦めようかという想いに、日々さらわれそうになっています。それはたぶん、「早く死ぬ」ことを意味しています。

働いてからも色々あるなんて知ったら、尚更、諦めたくなっちゃうかなぁ。働くと、自分の居場所が出来る。そして自分に向けて周りの理解が注がれた時、自分自身を実感できて、幸せな気持ちになるのもまた事実。みんな幸せになりたいのに……難しいですね。

でも、悩みは前進している証だと信じています。ふぅ〜。

（ベル）

「世の中には20歳で死んでいるのに、80歳まで生きている人がなんと多いことだろう」という言葉を聞いて、反射的に思い出した光景がある。

私がまだ、会社に勤めていたころ、13年間担当した小論文の編集から、まったく別の仕事へ、人事異動を言い渡された日のことだ。

何を思ったか、普段決してそんなお金の使い方はしないのに、高額のCDコンポを衝動買いした。

当時のコンポは、まだとても大きく重く、配送してもらうのが常だった。なぜか私は、せっかちに、手で持って帰ると言い張った。「きょうすぐ聞きたい。今すぐじゃないと意味がない……」

そしてまた、普段決してそんなお金の使い方はしないのに、新宿の量販店から、郊外にあったアパートまで、電車でなく、高額のタクシー代を払って、コンポを持って帰った。

人格に似合わないお金の使い方をし、いったいどうしたと、自分を疑っている自分に対し、私は、「ごほうび、ごほうび」と必死で言い訳をした。

「13年間、必死で小論文をやってきたんだもの。休む暇さえなかったんだもの。これからはもっと楽しく生きなきゃ！　アフターファイブもエンジョイしなきゃ！」

私は、なんか必死で、頭の中に次々言葉を並べ、「楽しく生きる」へ、自分をしむけようとしていた。コンポを取り出し、ぜんぜんそんな気分じゃないのに鼻歌をうたい、ダンスを踊るように体をゆすった。

しかし、楽しくしむけようとすればするほど、体の中の「妙な感覚」につかまりそうになる。

つかまらないようにするために、またまた次のわかりやすい、はっきりした、楽しさを追い求める。

体の中の妙な感覚が「喪失感」であることに気がついたのはずっと後だった。

泣いたのは数週間後で、それまでは、涙はおろか、自分が悲しいのだという自覚さえなかった。ただ、自分の心身が自分のものでないような、自分と自分が、遠く離れたような感覚だった。

数週間後にやっと、私は、自分のすべてであった小論文の編集を失って悲しいと、喪失感に深い傷を負い、心が痛み、これからの人生、諦めにも似た「むなしさ」に支配されそうになっていることに気づいた。


たとえ話として、ここにもし、失恋した人がいたとして、あなたがその人のそばにいる人間だったとしたら、どっちが悲しいだろう？

悲しみに自覚的であるのと、悲しみに無自覚であるのと。

悲しみに自覚的である人は、大泣きして、叫んで、苦しみを表現する。「十何年もつきあってきて、ずっとずっと大好きだったのに！　信じてたのに！　他の女を好きになって私を捨てるなんて！　ひどい！　悲しい！　生きていけない」と。

一方で、ショックを避けようとしているのか、あまりにショックで一時的に自分と自分が乖離したためか、自分で自分の悲しみに、気づけていない人がいるとする。

その人は、失恋したというのに、周囲がひょうしぬけするほど平気な顔をしていて、でも、急に髪型を変えたり、気づけば高い服や靴やバッグを買ったり、やれグルメなレストランに行こうとか、プチ海外旅行に行こうとか、あれこれ楽しい企画を立てては誘ってくる。そしてこう言う。

「どうしてかしら、私意外に平気なの。ぜんぜん悲しくないいし、これからは、もっともっと楽しく生きなきゃ」

しかし、まわりからはちっとも楽しそうには見えない。楽しくしようとすればするほど、彼女にも、まわりにも「むなしさ」が広がってしまう。

こんなとき、悲しいことを悲しいと、自覚し、表現したほうが、本人もまわりも、まだ救われる。まわりのためと、悲しみをこらえているなら、まだいい。本人と悲しみが乖離してしまって、本人ですら、自分の傷に気づいていない場合、「楽しく」は空疎に響き、まわりから見て、痛々しい。

私が、わけもわからず直感的に、「楽しく生きる」に凍りついてしまったのは、このたとえに近い痛々しさを感じたからではないだろうか。

私も、人事異動の通達のあと、諦めかけたが、やっぱり諦めきれず、ほぼ賭けに近い行動を起こし、会社を辞め、自分独りで志をまっとうする道を歩み、自ら希望を見出せなかったら、「38歳で死んでいるのに80歳まで生きる」になりかけていた。就活生の痛みは他人事ではない。地続きだし、まさに、わがものだ。

26年表現教育に携わってきて、思いがけず、生徒さんたちの、深い悲しみの経験を聞くことがある。

失恋や、愛するご家族との死別、私のように自分のすべてをかけていた仕事を失う痛み、病気によって体の機能を失う痛み、「喪失感」といったら、これ以上ないというような生徒さんの悲しみにふれながらも、そうした生徒さんの表現は、力強く、清々しく、聞く人に勇気を与えるものが多い。

一方で、「楽しく生きる」に象徴された人たち、私がその痛々しさに凍りついてしまった人たちは、私が知る限り、大きな挫折や、大きな喪失には、まだ人生で出くわしていない。

世の中の人が、いわゆる「ふつう」と呼ぶ家庭、もっといえば、「けっこう恵まれていると思われる」境遇で育ち、とりたてて事件とか、大きな不幸に遭遇することはなく、それこそ「なんとなく」で生きてこられた人たちだ。

先にあげたような、死別や大きな喪失にあっていないのに、なぜ、彼女たちは諦めているのだろう？

喪失にも二通りあるように思う。

失恋とか、死別とか、自分のアイデンティティともいえる職を失うとか、ある日、突然、一瞬にして、自分の一部をもぎとられるようにして、愛する何かを失うケース。私も、人から見たらたいしたことはないかもしれないが、13年自分のすべてをかけた小論文の仕事を失ったときは、自分の一部をもぎとられ、大きな穴がぽっかりあいたような喪失感にさいなまれた。これらは、原因も時期もはっきりしていて、自覚的に、一瞬で何かを失うケースだ。

しかし、「失う」には、たとえると日々、自分ではまったく気づかぬうちに、一滴ずつ血を抜かれるようにして、「ある日気がついてみたら、なんということだ、自分に穴があいているじゃないか？　いつのまに、どうやって、なぜ、自分は何を失ったんだろう？」という、無自覚なまま一滴ずつ失う「喪失」もあるんじゃないかと思うのだ。

たとえば、親に反抗したり、留学とか浪人とか、親の反対を押し切ってやったり、少年時代に、強く自己主張して、周囲とぶつかったり、自己を表現して、自分の小ささや、自分の限界、自分の思わぬ潜在力、思わぬ人の親切に気づいた生徒は、大学生になって、むしろ、親に感謝したり、おとなや社会にたいして、恩返ししたいという気持ちが芽生えている。そう、「働きたい」「早く社会に貢献したい」と言っている。

特に今期の大学の授業ではそう感じた。

しかし、「なんとなく」で来てしまった人。

なんとなく自己表現せず、なんとなく遠慮して、あるいは、なんとなく怖くて一歩引いてしまった。なんとなくおとなの言うことにしたがって、なんとなくみんなについていって、自己表現をひかえ、一歩引き、二歩引き、自分が引いていることにさえ無自覚にきてしまった人が、ある日気づいたら、日々、失っていたということもあるんじゃないだろうか。
以前読者が自分を「満たすものと、損なうもの」があるといったが、一見似たように日々を過ごしているようで、実は、日々、自分を満たしていくような行動をしていく人と、自分でも、それが自分を損なうとは気づかず、むしろ、失いたくない、多くを守りたいと思いながら日々、実は「自分を損なう」行動をしている人と。
就活生だけではない、まさに、我がことだ。日々、少しずつ失うような、それに気づかないような生き方は、私もしたくない。

日々、自分を満たしていく生き方とはどうすることか?

おたよりを2通紹介して、終わりたい。

〈希望はどう生み出すか〉
「働きたくない」というあなたへ本当にいろんなことを考えさせられました。前回の更新後もいろいろと考えていたのですが、土曜日の糸井さんの「今日のダーリン」の言葉がなんか、このテーマとぴったりくる感じがしました。

「じぶんが動けば、なにかが変えられる」
と思っている人は、魅力的に感じられるのかもしれない。
というか、「じぶんには、なにも変えられない」って思ってると、
ま、ほんとに見事なまでに、死に体に見えるってことか。
変えるだの、変えないだのって、別にね、
大統領が「チェーンジ！」っていうみたいな、
大きいことを言ってるわけじゃないんです。
そうじゃなくてさ、
あきらめてないっていうかな、
「昨日とちがう未来」がありうるって思っている感じ。
それがあるかないか、で、まったく逆に見えるんですよ。

いまって、日本中が、なんとなく、
「昨日とちがう未来」なんかないんじゃないか、
いやもっと悪くなるんじゃないか、というムードです。
そういうなかで、ほんのちょっとだけど
「じぶんが動けば、なにかが変えられる」

と思っている人の周囲は、やっぱり変わっていくんで。
そこらへんでちっちゃな自信をつけると、
またまた「じぶんが動けば、なにかが変えられる」とね。
そんな循環が、人をいきいきさせるのかなと、
ぼーっと考えていたらのぼせた入浴中のオレでした。

しっかし、それにしても、
誰かがあたえてくれる希望なんて、
ほんとにひとつも、かけらほどもないよね、いま。
あるのは気休めか、やせがまんばかり。
こうなったら、希望はじぶんで生みだすしかないよ。

（『ほぼ日刊イトイ新聞』糸井重里「今日のダーリン」より）

今までの流れの中ではずっと学生の考えに焦点を当てていたんですけど、この糸井さんの言葉で、もしかすると今の若い人たちは、本当に魅力的で生き生きと働いている大人の姿を見ていないのかもしれないなぁって思いました。だから、働くということへのイメージが具体的に持てないのではないかと。身近な大人の姿を見て、あんな思いをしてまで働きたくな

い、あんな社会人にはなりたくない、大人は何のために働いているのか……そんな風に思っているのかもしれないなと。

もちろん私の周りにも魅力的に働く人ばかりがいたわけではなく、「こんな大人になりたくない」と思ったことあります。でも、それでも何のために働くのか、とか働くことへの魅力とかそういうものを感じさせる大人の存在がなかったわけではありません。

多くの人が何に希望を見出したらいいのかわからず、うろたえているのかもしれませんね。それは学生だけではなく、社会全体がそんな雰囲気なんだと思います。そう考えると、「楽しく生きたい」としか自分の人生を表現できない学生って本当にかわいそうだなって思います。

改めて、今回のコラムで自分が一人の大人として社会人として、どういう姿勢で仕事に取り組むか、もっと大きく言えば、自分が自分の人生にどんな姿勢で臨んでいくか問われているのだと感じました。

実はいま職場に実習生が来ています。その実習生とも、「働く」ということについて話をしました。実習を通して、これから社会に出ていくということをリアルに感じているみたいです。自分の将来に向けて、何か自分らしい一歩を踏み出していけるような実習になったら嬉しいなと思います。

そして、この実習を通して働くことへの魅力も感じとってもらえたら嬉しいです。（A）

〈希望はどこにあるか〉

働きたくない
楽しく生きたい
働くにしても、働かないにしても、今は、情報が溢れていますよね。

特にインターネットの世界は広く、どこまでもどこまでもつながっているようで、きりがない。「ここまで」って決めないと情報ってやつは際限がない。便利なようで不便。

最近、こう考えるんです。インターネットの世界は、すべて過去のものなんじゃないかって。

だって、誰かが編集し、整理したものでしかないじゃん。そこには、未来のものはなにひとつないんじゃないの。

少しおおげさですが、未来をつくるのは自分の中だけにあるんじゃないかな。って。

（47歳、男、会社員）

自分で考えて決める

「なぜ働くか」以前に、「とにかく親に、お金を払ったほうがいいぞ」と私は思う。

私は大卒で社会に出たから、それまで22年間の、生まれたときの、産着やおしめからはじまって、食費、衣料代、家賃、光熱費、雑費、教育費、風邪ひいた、虫歯ができたなどの医療費、花見や海につれていってもらったなどの遊興費……とにかく親が自分にいちばん金を払っている。実費だけ、どんぶり勘定しても相当になる。それにサービス料。家事は、たとえば、掃除ひとつ外注しても、数時間で数万円というように恐ろしく高い。そう考えていくとたいていの人は親に払いきれない。

そこで自分の子どもに払う。

そこで困った。私の姉は2人子どもがいるので、義兄と姉、2人で2人の子どもへ、つまり、1人あたり、1人分の借金は払いきれる。でも私には子どもがいない。このままじゃ、食い逃げだ。

だから私は、大学の学生や、文章教室の生徒や、企業研修の社員や講演・ワークシヨップの参加者や、本の読者や、仕事を通して、ひろく社会に返していく。こうして自分が22歳までに受けた愛と金を、社会へ、次の世代へ、と「循環」させていく。昭和の貧しい時代に親に受けた恩は大きく、一生かかっても返せるかどうか自信が無い。でも、返したいし、返せると信じるし、1人1人分返して、それだけじゃいかんと私は思うのだ。自分が受けた恩を1人1人分きっちり返すだけでは、引き算したら、1、ひく、1で「ゼロ」だ。せっかく、ご先祖さんから親へ、自分へ、次の世代へ壮大なリレーのバトンをもらったからには、1円でも、2円でもいい。ささやかなことでも、自分が生まれてきたことで「なにかそれ以上の価値」を支払って、自分の区間を完走したい。

「楽しく生きたい、働きたくない」と、私を就活セミナーで凍りつかせた学生も、愛されて、たくさんお金を払われて、21年間育ってきたはずだ。愛・金ゼロだと、単純に、赤ん坊は死んでしまうわけで、生きてこれたということが、何より愛された証拠だ。親の恩だ、感謝だと、くどくど言われなくても、私が上記で述べたようなことは、その学生も、頭ではよーくわかっていると思う。けれども、なぜか受けた愛を「実感」できていない。むしろ「奪われた」ような感覚さえある。

前回までのキーワード「早く死にたい」に象徴されるように、とりたてて大きく何か失ったわけではないのに、なぜか「喪失感」がある。読者のちえさんのメール（と

ても的確に若者の心理を代弁してくださり、ちえさんには心から感謝している）も手がかりに推測すると、

「小さい頃から親やおとなに、将来のためにいまを犠牲にしろと言われ、ずっと楽しみを先送りにしてきた。気がつけば、もう働かなきゃいけない。じゃあ、いったい、いつ？　自分は楽しく生きられるんだ。ひと区切りつけ、楽しく生きる、自分のための時間がほしい」と。

奪われた日々。

たとえば、はたから見て、同等の愛を受けているとして、かたや、愛を実感できて、感謝して、「もう充分、自分は愛を受けた。はやく、まわりの人に恩を返したい」と思っている人と、まわりの愛に気づかず、さして感謝もしてないけれど「自分はこれまで、けっこう好きに生きた。わりと満足だ。よし、働こう！」と思っている人と、とりたてて、意地悪をしているとか、恩知らずというわけではない、頭では、感謝しなければと、よくわかっているし、人を気遣う優しい心も持っているのだが、でも、「いまひとつ愛を実感できていない」「日が暮れてみんなが家に帰る時間になっても、自分はまだ、遊び足りない、遊んでない気がする、いつになったら楽しくなるんだろう？」「なにか失っている気がする」、もっと言えば「奪われたような感覚さえある」人と、

この差はなんだろう？

私も人のことは言えない。まわりに感謝できるようになったのは、ずっとずっと遅い。だから、大学で、すでに感謝や報恩の精神が芽生えている学生を見ると、気が引けて、自分が恥ずかしくなるくらいだ。

気づかないのか？　気づけないのか？

先日、山梨の生涯学習の一環としてやった表現力のワークショップに、ベテランの国語の先生が参加されていた。

彼女は、人生のある時期、暗いトンネルをくぐるように、ひとり、苦しい想いを抱え、内にひきこもったことがある。そのとき、ずっと「文章を書いていた」というのだ。不思議なことに、ただ自分の内面を文章に書き綴る、それだけで、いろんなことが見えてきた。

自分がこれまで、いかに人の愛を受けてきたか。いかに愛され、支えられてきたか。そして、ひとりではなかったと、初めて気づいた。書くことで、自分を「取り戻した」のだ。

このときの原体験、書く歓びが大きく、それからこの先生は、ご自身を「国語の伝道師」と名づけ、子どもたちへの文章教育を使命とされている。

「アウトプットする」

つまり「出す」ということが、自分のまわりにあるものに気づく道だと思う。自分の想いを言葉や行動にして外に「出す」。どんなに自分のまわりに、いい食べ物があったとしても、自らつかんで、口に入れ、噛(か)んで、消化しなければ、自分のものにはできない。「出そう」とすれば、必ず、入る。まわりのものを、取り込み、咀嚼(そしゃく)し、消化しようとする。一気に取り込める。

「なんとなく」怖くて自己表現せずにきてしまい、なぜか「奪われた」感がある人も、まわりからの愛も、自分らしく生きられる機会も、気づけばすぐそこにあったのに、ずっとあることに、気づかない、気づけない、噛めない、消化できない、取り込めない、状態なのではないだろうか?

つまり、なんらかの教育的支援があれば、自分の言葉を取り戻すことができ、自分の時間を取り戻すことができる人たちだ。

過去にワークショップに参加されたかたで、とても印象深かった女性がいる。仮名で「春姉さん（はるネェさん）」と呼ぼう。

春姉さんは、「最も自分らしい時間は、どこで何をしている時間ですか?」の問いに、じゃあ、自分らしくない時間っていつだろう? と考え、そして、こう答えた。「自分らしくない時間は、ない！　自分は24時間、365日、春姉である」そして、その理由をこう言った。「なぜなら私は、自分で考え、自分で決めてきたから」と。

春姉さんは「自由旅行」を提唱している。みなさんどうだろう？　海外などははじめての町に行って、意外と早く、どこに、なにがあるかがわかり、自由に町を自分で動き回れる人か？

それとも、2日たっても、3日たっても、右も左もわからず、結局、旅行が終わる日まで、「いま同行者とはぐれたら、どうしていいかわからない」「自分がどこに着いて、どう移動して、いまどこにいるのか説明できない」「いつまでたっても、初めて来たときのまま、よそよそしい町のまま、自分はよそもののまま」であるか？

春姉さんは、初めての土地でも、早く土地勘が得られ、自由に動き回り、しばらく経っても、どこに何があるか、よく覚えている。それは、春姉さんが失敗覚悟で、パッケージツアーに入らず、ガイドに頼らず、自分で調べて、自分で考えて、どういうルートにしようか、今日どこに泊まろうか、この店とあの店、どっちに入ろうか、自分の意志と直感で決めて旅をするからだ。

人生も同じだ。

人についていくから、いつまでたっても自分のものにならない。

なんとなくまわりの、なんとなくメディアの言うことにさからわず、ただ、これといって自己主張しないことで、知らずに、人生旅行の下駄を他人にあずけてしまっている。

たしかに初めての土地では、ツアーのほうが自分で動き回るよりは効率がいい。
でも、ガイドとはぐれたら右も左もわからない、町はよそよそしいまま、自分の足で自由に動き回れないまま、どこかお客さんのまま、あいかわらず不自由なまま、「わが旅」という実感が持てないまま、ではないか。

「自分で考えて決める」

決めたら、言葉にして、行動として、「出す」。周囲とぶつかってみる。失敗を引き受ける。
唯一それだけが、勉強のために今を犠牲にしてきた生き方から、仕事のために今を犠牲にしていく生き方への連鎖を断ち、自分の時間を取り戻す道ではないか。たったいま、この瞬間から。

働きたくないというあなたへ
あなたの就職活動が、「あなたらしく」あってほしいと私は思う。
私にはどうしても、
「玉の輿に乗って、旦那さんの稼いだお金で好きなことをしたい」というのが、あなたらしい意見だとは思えない。

婚活ブームに便乗して、一儲けしようとしている誰かの、まやかしのパッケージツアーになんとなくのっかっておこうとしているだけじゃないか。

そんなものに下駄をあずけちゃダメだ。

大企業に入れなくてもいい、好きな仕事に就けなくてもいい。

自分で考えて、自分で決めた、「自分らしい」就職活動をしてほしい。

生きることを楽しむ

「楽しく生きる」

読者の反響には、たしかに「楽しく生きる」に引っかかる、という人もいるし、「楽しく生きる」の何が悪い？　いいことじゃないか？　という人もいる。正解はないのだが、「楽しく生きる」について、さらに読者のおたよりから考えてみたい。

私は常日頃、「楽しい」というのは、ものすごく偉大な価値だととらえている。

とくに表現教育の現場で。「授業が楽しかったー！」という生徒に出会うと、感心をとおりこして、尊敬するし、天才じゃないかとさえ思ってしまう。慣れない「表現する」ということを、多くの人が、とまどいながら、苦しみながらやっており、その姿も、もちろんとても感動的なのだが、生まれて初めて「表現する」ということをやり、それを生き生きともう、「楽しんでいる」人に出会うと、なんて感覚がいいんだろう！　なんて消化が早いんだろう！　と驚く。

私は、学びの場で、「楽しめる」という人は、「才能がある」と同義ではないかとさえ思っている。

私が、独立した後、表参道に、分不相応なオフィスをかまえ、家賃等、やっていけるか、不安で不安でたまらなかったとき、母に言われた一言が、「楽しんで」だった。田舎モノの私が、せっかく憧れの表参道に住めるというのに、不安に固くとらわれ暗い顔ばかりしていたことに気づいた。この言葉でどんなに救われたか。

そんなふうに、「楽しい」という価値に肯定的な私が、教育現場で、わけもわからず耳に飛び込んできた学生の、「楽しく生きる」に直感的に凍りついてしまったのは、なぜか。その後、読者のメールから、この言葉の奥に「早く死にたい」にも通ずるものがあること、私にとっては「助けてほしい」と同じ響きだったことに気づかされた。

思うに、「楽しい」とか、「幸せ」とか、「正義」とか、一見、反論の余地がない、だれの目にも良い言葉というのは、それだけに、使い方をまちがえると危険というか、思考停止とか、すり替えとか、逃避とかを生みやすい所にあるんじゃないだろうか。たとえば「正義」の名のもとに戦争するとか、「幸せ」を追い求めれば追い求めるほど遠のいてしまうとか。

読者の2人はこう言う。

〈楽しく生きる、でなく〉

「楽しく生きる」、私は、それに賛成できません。

私が常日頃、心がけているのは、「生きることを楽しむ」だからです。

愉快なことばかりじゃない、苦しいところや、いやなところ、全部ひっくるめて「生きること」。そう理解したうえで、それを楽しんでやろう！　と思っています。私はそういう考えなので、「楽しい」も「おもしろい」も、誰かに与えられるのを待ってるだけじゃ、もったいない気がするんです。表面をただ撫でるだけの、「楽しい」とは違う、もっと深いところ、手に入れるには苦しみもともなうような「楽しい」という感情だってあると思う。たとえば、仕事での「楽しい」のように。

受験も就職も仕事も、そりゃしんどいですが、つらい＝楽しくない、って決定づけられるわけじゃないと思う。

それは本当に、「楽しくない」なのか？　ただ、「楽しもうとしていない」だけじゃないのか？

「生きること」や、「働くこと」は、楽しむ余地もないほど、貧しくはないと思います。

（社会人2年目より）

〈「楽しい」と「楽しむ」〉

「働きたくない」というあなたへを読んでいて高校生の時、クラスの日誌に「毎日が平凡でつまらない」と書いたのを思いだしました。

そんな私ももう30代。

昨年1年間、病気になって手術と治療で、強制的に働けない状態を経験しました。

その1年、自分について、人生について、考えて考えて、これといった答えが出たというより、迷ったり、不安もたくさん感じたけど、一番は自分の価値観が大きく変わったということです。

わたしは今まで「楽しむ」努力をしてこなかったのではないか？

「楽しい」ことは世の中にたくさんあるし、その中に自分をおけばいい。でも、「楽しい」とは思えないことがどうしても人生には起こってくる。働いていようがいまいが。

「楽しい」を求めるのもいいけど、「楽しむ」ことができたら、人生もっと楽しくなるんじゃないか？

きっかけは病気でしたが、「楽しむ」という視点をもったとき、欲のためだけでなく、ほんとうに仕事をしてみたくなりました。私にとって働くことは、相手を喜ばせること。そのために必要なことを楽しんでやってみたい。

今なら高校生だった自分に「自分が楽しまなきゃ」と言ってあげたいです。（あやとん）

婚活ブームに便乗した商法で、まるで、「結婚」をパッケージのように売ろうとしているかのようなものに、でくわすことがある。でも私は、「結婚」というキットには、ひとつ、入っていないものがあると思っている。

それは「幸せ」だ。

家電を買うと、ときどき、「電池は入っていません」「電池別売り」などと書かれ、電池は自分の手で調達してこなければ、なにも動かないし、はじまらないことがある。同様に、「結婚」というキットに、「幸せ」はついてこない。それは、自分たちの手で、対価を払ったり、工夫して、つくりださなければならない。

社会人2年目さんの主張をヒントに言うならば、「幸せな結婚をする」ではなく、「結婚生活を幸せなものにする」だ。この二つは、似ているけれど、ずいぶんちがう。キットに当然「幸せ」がついてくると勘違いしている人は、無いものを探したり、無いことに腹を立てたり、虚しがったり、「つくり出す歓び」が、わざわざ、すぐここ、に転がっていることに、気がつけない。「結婚」というキットに、電池が入っていないのは、楽しいからだ。自分たちの手で、それを注ぎ込んで、動かすことが。

「楽しく生きる」と「生きることを楽しむ」、この二つも似ているようで、ずいぶん違っている。

「楽しく生きる」そのために働きたくない、お金がほしい、玉の輿にのりたい、というのは、いまここにない、かなたにある「楽しい人生」に憧れ、それを目指す。でも、そのときの「楽しい人生」のイメージはどこから来るのだろう？

　私の場合、いまここでない、「かなた」に憧れるとき、どっか何かで刷り込まれた「ステレオタイプ」をイメージしていることが多い。それって自分らしいか？　というと、そうでもない。「ステレオタイプ」というのは、とにかく典型だから、自分という個人差おかまいなしにそこにある。

　しかし、「生きることを楽しむ」となったら、「いまここ」を楽しむということになる。

「いまここ」は、まぎれもなく、自分を取り巻く現実であり、自分の人間関係であり、よくもわるくも、いままで生きてきた自分が招いた結果だ。だから、「いまここ」を楽しむというのは、極めて自分らしい、自分にしかできない行為だ。

　玉の輿というキットを、もし、手にしたら、暇な時間、お金、物など、楽しく生きることの便利な装置がひととおりそろっていると思う。でも、電池は入っていない。どうやって、自家発電するのか？　肝心の「楽しい」は、どうやってつくりだす？

「生きることを楽しむ」には、創意と工夫が要る。そうやって、日々、自家発電してきた人が、装置を手にしたとき、命を吹き込めるのではないだろうか？

　最後に「楽しく生きる」に対する読者の見解を紹介して、終わりたい。

下の子どもが小学校中学年になったのを機に資格を取り、介護の世界で8年働いてきました。

面白いほうへ、自分の興味のあるほうへ流れていって、自閉症支援の仕事（外出介助員）という仕事に出会い、やりがいを感じていました。5年間、横浜の最大手の事業所で登録で働き、途中で、国の政策の変更で時給が3割以上減り、仲間も減って、それでも自分はこの仕事が続けられるだけ幸せと、ほぼボランティアのようなその仕事にこだわってやってきました。

昨年、企業の研究開発をしていた夫が退職勧告を受け、私も収入を当てにした仕事をしないわけにはいかなくなりました。長い付き合いの利用者さんや、その家族と別れ、スーパーの店頭で試食を勧めて販売するマネキンという仕事に就きました。

子育てや家庭を一切かえりみなかった夫。18年間、それでも夫の会社からの給与振込みはあるから、不満だらけだったけどお金に困ることなく平日の昼間は早朝からスポーツジムに通いつめたりしていました。介護の仕事も、片手間って感じで、自分の主張を通して仕事を選んでやってきたことに最近気づきました。8時間以上、調理をし、試食を通り過ぎる人に勧めながら毎日違う店頭に立っています。

お金のためとはいえ、利用者さんたちと別れてきた私は、もう後には引けない。私の収入が、今晩のおかずになり、主人のビール代になり子どもの塾代になります。腰や膝が悪いので、鍼(はり)が背中や腰の何ヶ所にも入っています。

ひとりでも多くのお客様に共感してもらうため、コスチュームや、料理の見た目、お店の担当者とのやり取り、五感を総動員して売り場に立ちます。

結果、完売することが多いので、メーカーやお店から指名をもらうことが多く、昨日は会社に賃上げ交渉して、４月からの賃上げを確約させました。昨年までの18年間よりも、充実しているし、ほんとに毎日楽しい。

やっと私の周りの世界に色がつき、空気がまわりだしたと感じています。

私は、短大を出た頃は、働きたくないと思っていました。母や叔母や周りの大人の女性はみな専業主婦でしたし、こしかけで体のいい職場で少しだけ働き、できるだけ条件の良い人を見つけて、若いうちに子どもを産んでエステに通うような小奇麗な奥さんに憧れていたように思います。でも、そんな現実はなにも楽しくなかった。

働くことは楽しいよ！

結婚した夫との現実。上手くいかない子育て。周りのママたちとのすれ違いの会話。

いろんな経験をして、42歳の私が今得た実感です。

日々、少しずつ失うような、それに気づかないような生き方はしたくない。

（真理）

では、日々、自分を満たしていく生き方とはどうすることでしょうか?

何か特別なことをしなければならない、ということではないと思います。自分がする毎日の小さな仕事の数々を「特別なこと」にしていけばいいのだと思います。退屈なお皿洗いも、近所の人とのあいさつも、一体何の役に立つの? と思われる勉強も、自分がやる、と決めたら「特別なことなのだ」と信じてやっていったらいいような気がします。そして、「特別なこと」と思い込む以上は、どんな小さな仕事にも自分の名前が書かれているのだ、という責任を持つことだと思います。どんなに小さな石でも、沼に落ちれば水面をゆらし、その波は案外遠くまで及ぶ。

悪気はなくとも思いやりのない言葉はどこかで誰かを傷つけるものだし、誰も見ていなくても善意はどこかで誰かを救うはず。

そうやって丁寧に稼いだお金を今度は丁寧に使ってゆく。

自分がいい仕事をしたな、と思える人へお金が届くような買い物を心がける。そうすることで、皆がいい仕事をするような社会になってゆくのではないかな。そうなったらいいなあと思います。

(いずみ)

「楽しく生きる」を読んで。43歳、中学校の国語の講師です。

学校は、生徒にヤル気を持たせるため、どこでもきっと、苦慮されていると思います。

「ナゼ勉強しなくちゃいけないの？」に明快な答えを出せない先生が多いし、ゲームもケータイも、楽しいことは山ほどあるんです。

「楽しいがキーワードだ！　楽しくなければ子どもはやらないぞ！　よし！」と、練ったテーマが「学びを楽しむ授業」でした。私は間違った方向に進まないよう、願いました。「学びを楽しむ」とは、学問追究の段階としては、高次なはずです。

すべては、個々の先生に任されました。シール、スタンプ、達成カード、寸劇、そのようなものが大変はやりました。

中学校が、学びまで、楽しさ一本槍でおしすすめてしまったら、かえって、生徒が高校生になったときに、授業にまったくついていけなくなります。生徒に対して、大変失礼です。上っ面の、薄っぺらなとこだけ見て、楽しんでるか楽しんでないかでカタなんかつけられませんよ。

「楽しく生きたい」ひとたちは、「ゆとり教育」をどっぷり受けた世代ではないでしょうか。

（愛知県 cat）

「楽しく生きる」、この言葉の前に「自分だけ」がつくか「私も人も」がつくのかでイメージが変わると思います。私も人も楽しく生きるためには、そこにたどり着くための道が必要やと思います。

（こう）

正直、仕事をせずにお金をと考えることがある。でも、そのお金は、元をたどれば誰かが額に汗して出てきたお金。自分が得たものでないお金で、素敵なものを買って、素敵な旅をして、かっこいい車に乗って、……その先にあるのは、楽しい日々ではないのだなと。つまらない退屈な日々ではないかと。

私は、医療職という、一生学びが必須な仕事につけたことは、その内容がわくわくできることもあり、人とももののとも関わる仕事だったことも私にとって、本当にラッキーだと思っています。学びの必要の無い仕事は無いのかなとも思っています。　（玲子）

〝「働きたくない」というあなたへ〟を読んできて感じたこと、また、昨年自分自身に起きた出来事を通して気付いたこと、そして現在仕事を通して感じていることに共通するのは、人が「考えること」をしていないということです。

現在31歳ですが、昨年、自分の人生の中でも忘れられない大きな決断をしなければいけないことがありました。

私の望む答えは最初からでていたのに、人の意見ばかりを求めて、最後は親がそう望むならとあきらめました。応援してくれる人もいたのに、です。そして後悔しました。その後悔はその結果に対してというよりも、決め方に対してでした。時間が限られていたプレッシャーもありましたが、何よりも自分で考えて考えて、とことん考え抜くことをせずに、人の意見を聞く方に労力を使ってしまったことが今でも残念です。その体験があったから、その直後からもっと自分自身と向き合おうと、自分のコアな部分がはっきりした気がします。

「おとなの小論文教室。」を読んで、やはり自分の考えというのがあっていいこと、あるべきであることを強く感じながら、今回の「働きたくない」を読んで、これも〝考えない〟ということにつながっているのではないかと思いました。

考えたときに初めて物事が自分の身になるのではないでしょうか？　だから春姉のようにパッケージツアーにのらず、自分自身で考えた旅行からは満足感、達成感が味わえるのだと思います。

現在、一般社会人向けの教育機関に勤務していますが、何を学ぶかというところから自分で考えることをしていない方からの質問が多いように感じています。その方の都合や興味などを聞きながら、相談にのるような形で話を聞きますが、そういった方の多くが長続きしなかったり、あまり満足いただけていない印象があります。これは世代に関係なく、様々な年齢の方です。

少し考えればわかるようなことでも情報があふれている今、自分で答えを出さなくても、ネットやマニュアルがたくさんあることで考えることを忘れてしまっていて、それに慣れてしまっているのかもしれません。この環境を選択肢がたくさんある恵まれた環境とするか、情報に踊らされている不幸な環境とするかは私たち次第ですよね。

最近の私の試みは、取り入れる情報を自分で選ぶことです。本当は自分にあまり必要のない、いたずらなニュースから少し距離を置いたり、ノンストップで情報が流れてくるテレビをつけなかったり。これだけでも自分の考えたいことにより多く気を使えている気がします。

考えることは自分が自分の人生を生きていることを最大限に実感できる、ということに気がつけたことが昨年の後悔から学べた、とても大事なことでした。（のんたん）

私は今修士課程で海外に留学に来ています。

学部時代に就職活動も経験しました。その時に本当によく「楽しく生きたい」を耳にしました。

早く結婚したい、楽に生きたい、定時に帰れるから公務員がいい、何の屈託もなく言う友人がたくさん居て、でも彼らは別に良い子なのです。授業にもちゃんと来るし、明るいし、良い子です。だから、尚更何を言えばいいか、自分が感じているこの違和感が何なのかが分かりませんでした。

留学に来ても同じような経験をしました。せっかく海外に来たから授業より旅行を取る、英語が苦手だから人前で発表なんてしたくない。彼らを見ていて、いつもなんだか「かわいそう」だと思ってしまいます。

友達としゃべっていて楽しい、美味しいものを食べて楽しい。そういう楽しさはいくらでもあるけど、自分の人生の中で人にぜひ伝えたい楽しかった思い出を探ると、その裏には必ず苦労があるような気がします。楽しさや喜びは、何かに努力し、必死になる過程や結果として得られるもので、それをゴールにはできないような気がします。そこをゴールにするのって、逆に苦しいようなそんな気がします。

だから、彼らの中に自分でも気づいていない苦しみが伝わって、だから「かわいそう」と思ってしまったのでしょうか。そんな風に感じます。

自分が感じていたもやもやとした思いを、他にも感じている人がいることにほっとしました。留学生活、頑張ります。

（帰国まで後3ヶ月の大学院生より）

いつ、どこからでも始められる

「楽しく生きる」、「働きたくない」、「でも就職はする、玉の輿の結婚相手を見つけるために」

そういう若者に、何が言えるか？　何を言いたいか？　読者はどう考えた？　まず、5通のおたより、一気に読んでほしい。

〈ラクと別物、わかってるつもりが……〉

〝楽しく生きる〟は、〝楽に生きる〟ではない。

けれど、いつのまにか私たちは後者を前者の意味で使ってしまっている。〝楽な生き方〟を選んでいるならまだマシ。実際は選んだつもりで選ばされている。自分が楽だと思っている裏には、しんどいことを引き受けてくれている人がいる。それを忘れている人は想像力が欠如しているのでしょう。苦労することが不幸せなのではなく、生きていてもろもろつきまとう苦しさを楽しめる人が幸せなのではないでしょうか？

ふと、あるラジオ番組で明石家さんまさんが言っていたことを思い出しました。10代のころ、笑福亭松之助師匠のところで弟子っ子修行をしていたさんまさんは、毎朝廊下掃除をやらされていました。

ある冬の日、いつものようにぞうきんがけしていると、酔って朝帰りしたらしい師匠が通りかかり、「なあ、そんなことしてて楽しいか?」と聴いてきたそうです。さんまさんが「いいえ」と答えると、「そうか、そうやろな」と一言。そのあと師匠がかけたのは、〝だったら、やめろ〟でも、〝我慢してやれ〟でもなく、「なら、どうやったら楽しくなるか、考えてみ」という言葉でした。それからさんまさんは、どうやったらぞうきんがけが楽しくなるか、一生懸命考えたそうです。もちろん、それで作業が楽になるわけはありません。しかし、あれこれ考えるうち、ぞうきんがけがなんとなく楽しく、苦痛ではなくなったそうです。

人生で苦しいことをやらなければならないときは、必ずある。

けれど、そこにささやかな楽しみや幸せを見つけるのは、知恵ひとつでできる。どんな状況にあっても、人間は考えることができるのですから。私はそういう知恵を持った人間でありたいです。

（竜巻小僧）

〈「楽しい」に自分なりの定義をして〉

『たのしい』と『らく』は別のものです。

辞書によれば『たのしい』は満足で豊かなこと。『らく』は好きで安らかなこと。だから、たのしければ、らくでなくても頑張れるし、らくを追求しすぎると、たのしくなくなってしまいそうです。『たのしい』には躍動感が満ち溢れています。『らく』には脱力感があります。動と静、あるいは生と死のような対極のイメージです。『楽』という漢字を覚えたときにじゅうぶん咀嚼しないで飲み込んでしまうと、のちのち混同してしまうのかもしれません。『たのしい』という言葉の好感度にまかせて本人も周囲も気づかないうちに『らく』を促進し、さらに『手抜き』のように誤解されているとしたら、これは単なる勘違いでは済みません。

このシリーズで議論されている「楽しく生きる」も、1、満足し豊かな状態を作り出す2、心安らかな状態を保つ　3、好きなこと・与えられたことだけをする、のような幅があるように見えます。

3では他との関わりは〝もらう〟に限られ、行動は受動的で苦難・努力・責任を伴いません。「楽しく生きる」という言葉が3に聞こえたとき、私たちは特にまずいと感じるのではないでしょうか。

『楽しい』を『手抜き』の温床にしないためにも面倒がらずにきちんと意味のすり合わせを

していかなくては、と思いました。　（emi）

〈自立から、自律へ〉

私のゼミの教授は、個人のキャリアを考えるにあたって、「自立と自律の違い」をあげていらっしゃいました。自立とは、周囲の意向や期待にかかわらず、現在の個人の意図や思いを実現すること（自己主張・自己実現）。自律とは、周囲から求められている自分の役割を認識し、それと調整を図りながら、自分の新たな可能性や価値観を開発していくプロセス。

自分の多様な可能性に気付き、発揮しつづけること。

自分の価値の絶対化ではなく、自分の役割の開発と発揮（自分の立場を理解した上での主張）。

我々は、自己中心的な自立へのこだわりを捨てて、自律に向けて努力をしなければいけないと、学生時代繰り返し注意をされてきました。

自立と自律の違い。我がままとアサーティブな主張の違い。

自分の為からスタートし自分の為で終わってしまうのか、さらに一歩を進めるのか。

そういった部分が、活き活きと働いていくにあたり、重要なのでは。　（祥平）

〈良い悪いでなく、浅い〉

「働きたくないというあなたへ」を読んでいて心に浮かんできた言葉があります。『実存神経症』です。（注：以下は、文献からの正確な引用でなく、読者による、文献に基づいての説明です。）

『実存神経症』は自分自身の実感や自分自身の内側から生きられた実感や情熱を持てない状態です。人生や行為を自分自身のものとして『所持』できず、『自立』できず、そして行為や選択の内的根拠や源に直接接近できないために『本来的』になることができないのです。そこに空虚感、存在価値のなさ、絶望や不安が生じます。人は「世間」の言う通りに生き、単に日課をこなし、あたかも一般的な文化に従う審判員のために生きているようなものになります。

実存的な不安は人を多様な保護や逃避の道を探し求めるよう駆り立てます。そういった防衛的な闘争は、人から自由や創造的自発性を奪い、実存は打撃を受けます。結局、自分の人生を失う恐怖から逃れようとして、防衛を失う恐怖の中に生きることになるのです。

……実存神経症は、現代にはびこっていないでしょうか？

「楽しく生きる」「早く死にたい」の中からは魂の声が聞こえないなあと感じました。実存が心の奥深い中心とすれば、それらは心の表面で思い、表面で考え、表面で決めたことではないでしょうか。でもその人にとってその時の真実はそこにある。その人にとってそれは表面ではなくて、その人の心そのもの。だったら、少し乱暴かもしれませんが、それを実現するために生きてみたらいいとも思います。

思い描く「楽しく生きる」ことは、本当に楽しく生きることになるのか。本当に死ぬような目に合った時「早く死ねそうでよかった」と思えるのか。もしかしたらそうなってみて、感じるものがあるかもしれない。人生の方向転換のきっかけになるかもしれない（ならないかもしれないけど）。

思考するにも、感じるにも、何かとても浅い感じがする。

でもそれは、考えないように育てられてきたから。与えられた価値観に沿うように求められてきたから。別に深く考えないと生きていけないわけではないし、悪いことではないと思う。

私は幸いにも、大学受験で失敗し、社会から切り離されました。海外に住まう親戚の家にお邪魔し、語学学校に行っていました。そこでは、周りに比べて成績や評判はどうかという相対的な自分は意味をなさず、非常に苦しい日々が続きました。親戚のおばさんは厳しい人で、毎日私に「傲慢よ」「感謝の気持ちを知らない畜生」と罵倒をあびせました。孤独。疎外感。果たして生きていて意味があるのか。３６５日のうち３００日は泣いていたと思います。その先に、すべてをそぎ落とされた先に……それでも立っている自分を見つけました。

地位も、友人も、学歴も、自信も、なにもなくても、この地球に立っているひとつの生命体への確信。いわば絶対的な自分でした。とても小さかったけれど、弱々しかったけれど、そこに存在していました。

それからは、まわりに合わせ相対的に生きることから、自分の中心から出てくるものを信じて進む絶対的な自分へ。環境に合わせる自分から、環境に働きかける自分へ。自分を円だとしたら、周りの環境から円の表面にいろんないいものをくっつける自分から、円の中心から必要な環境を取り入れていく自分へ。私の転換点はそこでした。本当に辛い時期でしたが、時を経るごとに、私の中でその一年は輝きを増してきています。おそらくは自分の中心に到達した、私の二度目の「誕生日」のようなものです。

逆に追い詰められると、自己を考えずにはいられない。

追い詰められなければ、その円の表面だけだって生きていける。

自分の中心からの声が聞こえなくなる。友達と遊んだり、授業に追われたりして、なんとなくすごしていく。とりあえず進学していく。とりあえず就職していく。そうして考えずに生きることは、何ら罪ではないように思います。どう生きたってその人の勝手。実存を失ったって、ニートだって、生きていけるし、一生を終えられる。なんとなく生きて、なんとなく終われる。

でも本当にそれでいいのか、自分の人生を自分で引き受けなくていいのか、そう思った人には全力でサポートしたい。そういう機会に立ち会えたら、カウンセラーとして関わっていきたいです。

人を円にたとえましたが、とりあえず日常生活では人は円の表面でばかり出会うし、コミュニケーションをとっていきます。だけど、その表面をつくっているものが、周りにある地位や学歴や服や仕事の見栄えのいいものを寄せ集めてとりつくろっているのか、自分の真ん中から湧いてくるものに合わせて必要なものを選びとっているのか、一見見分けがつかなくても、正反対のアプローチで自分をつくっているなあって、このメールを書いてて思いました。

浅さ、深さ、常にそのときのその人の場所から、スタートすればいいんじゃないかと思います。浅い、深いに良い悪いはありません。ただそこに、そう在るだけです。

出来事に対して自分が開かれていれば、いつか変わるきっかけが訪れると思います。

（大阪　心理の大学院生　micco）


〈もしもいったん、お金に交換しなかったら〉


またまた32歳医学生です。

私は以下の事を社会学者の橋爪大三郎という人から学びました。自分の考えのように語りますが、人から学んだことです。どうかご容赦下さい。

仕事というのは、大勢の人々が共同で生きていくための方法論です。自分が仕事をする代わりに、他の沢山の人が自分のために仕事をしてくれている。そういうネットワークの中に身を置くことが就職の本質です。

例えば朝昼晩、三食美味しいものが食べられる。毎朝大学に電車で通う。授業を受ける。たったこれだけのサービスを受けるだけでも、多くの人が自分のために仕事をしていることになります。農家の人が収穫をして、都市にお米や野菜をトラックで運んだり、鉄道会社の職員は眠いのに朝早く起きて、改札を通れるようにしたり電車を整備したりしている。大学の先生は授業の準備のために最先端の知識を取り入れ、その内容を本にまとめたりわかりやすい講義資料を作ったりしている。

子供は人の仕事の恩恵にあずかるばかりですが、大人になるにつれて、誰かの仕事の恩恵を受ける代わりに、他の人に役立つ仕事をすることが求められるようになっていく。

仕事は、こうした大勢の人が支えあうネットワークであり、知恵の結晶です。皆がこうした仕事をしなくなったら、世の中は大混乱に陥ります。食べ物は作られない。電車はこない。大学の授業はない。これでは生きていけません。ですから互いに人のために役立つことが仕事の本質だと思います。

この現実を踏まえずに、何が自分の好きなことか夢想していても、なかなか社会に踏み出すことはできないと思います。こうした現実に私たちの目がなかなか及ばない原因は、仕事と仕事の交換を円滑に行うために「お金」を用いるからだと思います。「役立つとか言うけど、みんな、お金のためにやってるだけじゃないか」と思ってしまう瞬間が、私にもありました。

するとき、もう一つ、企業がなぜ「競争」をするのかということ、を考えなければならなくなります。企業が「お金」をめぐって「競争」するのは、なるべく無駄使いをしないようにするためのルールなんです。切り詰めることをしなかった共産主義の社会が崩壊したのは、このの約束が無かったからです。もちろん資本主義にも色々な問題があるのですが、今、このルールを全てリセットするような知恵を人間は獲得していません。

ですから、この「競争の必要性」という現実について理解してもらうことも、若い人たちにビジネスというものに前向きに参加してもらうためには、とても必要なことだと私は思っています。

（32歳医学生）

考えなくたって生きられる。それは悪いことではない。いいか悪いかでなく、とても「浅い」、かつ「表面的」なのだ、という、心理の大学院生の指摘、とても腑に落ちた。

たとえ、それが「働かない」という結論であっても、「玉の輿」という結論であっても、その人が、深く考えた末の、実感ある結論であれば、私は違和感をもたない、むしろ応援したいくらいだ。だが、生きる意味のような本質的な質問に、ほんの数秒悩むそぶりさえなく、ツルツルと「楽しく生きる」を連呼したその響きは、あまりにも「浅く」「表面的」だった。良い悪いでなく、「浅い」。程度の差というものがあるが、それは看過できないほど、凍りつくほど、「ついに、ここまできたか」というほどだった。

ただ、救いがあるのは、凍りつくほど、浅い・表面的なところから、文章を書いている人も、ていねいに問いを立てて、自分の中にあるものを引き出す。整理して、人前でアウトプットする。聞いた人の反応をじかに受ける。ほかの多様な就活生の考えに触れる。ということを繰り返しているうち、しだいに、深みと実感のある文章が書けるようになる。「考えたい」と本人が思ったら、全力で、それを支える体制はある。「考える方法、ここにあります」と言ってあげたい。

micco さんが、カウンセラーという職業柄、「浅い」「考えない」それもいい、というのにはすごく納得だ。人間は根っこのところで「生きてるだけで価値がある」、その想いは私も、まったく一緒だ。そのうえで、ときに生死にかかわる重い心の病も扱うカウンセラーの領域と、就活で、大勢の中から「ぜひ、この人を採用したい」と選ばれる・伝わる文章が書けるように導いていく文章表現インストラクターの、「教育」の領域には、棲み分けがある。心理的な療法のために水泳を教える人と、オリンピックで勝つために水泳を教える人の棲み分けだ。

働きたくないと言いつつ結局、就職はする若者へ
それならば、面接官に「伝わる・選ばれる」表現をしたいならば、
たとえ自分を「浅い」と思っても、
そのことで、いいの悪いのと、自分を裁いたり、落ち込んだりせずに、
それは自分のスタートラインであると認め（インストラクターである私も、裁かずに認め）、
「浅い」から、一歩ずつ深みのある言葉へ、
表面的な文章から、一歩ずつ実感のある文章へ、
自分の表現を磨いていこう！
できるから！
と私は言いたい。

ひらけ！

「楽しく生きる」、だから「働きたくない」、でも、ちゃっかり就職はする、「玉の輿の相手を見つけて辞めるために」悪びれた様子もなく、でも決して冗談ではなく、真顔で、そう言う若者に、何が言えるか？　何を言いたいか？　読者の31歳男性は、こう考えた。

〈もっと信じてみてもいいんじゃないか〉

今回の『「働きたくない」というあなたへ』シリーズ、とても興味深く読ませて頂いています。

まず「楽しく生きる」という言葉の違和感について、読者の方も書かれていましたが、「楽して生きたい」ということに対する違和感なのだと思います。そして「楽して生きたい」が何故違和感を伴うのか、それは一人一人が背負ってきた経験が発する、「楽をしているだけでは得ることの出来ない、大切なことが存在する」という直感なのだと思いました。

簡単に手に入るものは、簡単に失えてしまう。自分のなかでの、重みがない。「自分自身」が介入していないための結果なのだと思います。

自分のことで考えると、31年間生きてきたなかで一番辛くて、楽じゃなかったときの出来事が、現在の「自分自身」の骨子をかたち作っています。当時はもちろんもの凄く辛くて、今でもその影響で生き辛い性格になったと思っていますが、それでも「現在の自分」であって良かったと思っています。多分いまの自分自身を要約していくと出てくる言葉は、楽じゃなかったあの頃の出来事から作られています。

もうひとつ「楽しく生きる」への違和感の理由として、「予想できる範囲でしか生きられない」ことの不自由があると思いました。自分で「楽しく」と言った段階で、「自分の思った『楽しい』という範囲」に制限されてしまうような気がするんですね。自分が目を背けたくなるところにこそ、自分自身を広げるなにかが在る。そう思います。

『世界はいつもそこにあり』

以前のズーニーさんのコラムで出会った、木村俊介さんのことばです。この言葉に出会ってからふと思い出すことが多いフレーズなのですが、今回のコラムを読んでいてまた思い出しました。（検索したらもう5年も経つんですね。）まるごとがそこにあり、自分はそれに介入出来得る。もっと信じてみてもいいんじゃないか。世界は、思っているよりも貧弱じゃあない。自戒の念を込めて、そう思います。

（白井哲夫）

文中の、「世界はいつもそこにあり」とは、2005年2月16日付け「おとなの小論文教室。」「Lesson235 意志ある選択が人生をつくる」に登場する。

「選んだ先が、結果的に すごくいいところだったとか、よくなかったとか、自分の選択が、あとあと、まちがっていたとか、いなかったとか、そんなことはどうでもいい。意志のある選択こそが、自分の人生を創っていくんだ。」と私が言ったところ、当時のこのコラムの編集者、木村俊介さんからこんな言葉が返ってきた。


「その先がどうこうではなく、意志のある選択が人生を創る」

きれいごとではなく、ほんとにそうだなと感じました。

世界はいつもそこにあり、
観点の選択や、ピントのあわせかたひとつの違いで
一歩ずつのあゆみが決まるのでしょうけど、

「知らないうちにずいぶんとこの道に入りこんでいたんだな」

と、よくもわるくも思えることが、とてもたくさんあると、実感しているからです。

（木村俊介さんからのメール）

「世界はいつもそこにあり」、

世界は、小さな自分の都合なんかおかまいなしに、常に、そういうカタチで、そこにある。

世界に対して、自分を「ひらく」か？　閉じるか？　「ひらく」にしても、どの程度、どんな方面に、どんな観点でひらいているか？　あるいは全開なのか？

そのピント合わせをするのが「意志」だ。同じ世界に接していても、意志の持ち方ひとつで、ひとりひとり、入ってくる情報と、進む先はまったく異なる。

世界とどう関わるか？

「楽しく生きる」、

この一見、だれからも、なんのケチもつけようのない正論に、私はおろおろするほどの違和感をもった。「楽しい」など、だれの目から見ても「良い価値」に、異議を唱えるのはいまの時代、とっても難しいことだ。案の定、「楽しく生きて何が悪い」、「ズーニーさんの価値を押し付けるな」と叱りもいただいた。

しかし、一方で、「〝早く死にたい〟と言われているのと同じ、だから放っておけない」と、読者の森さんのメールから教えられた。

また、心理学の院生micco さんからは、「良い悪いでなく、〝浅い〟。浅いことは決して悪いことではない。そして、浅さから脱したいと本人が思えば、いつでも道はある」ということを教えられた。

そして、今回紹介した白井さんのメールでは、「予想できる範囲でしか生きられないことの不自由」という新たな観点をいただいた。「予想範囲でしか生きられない」は、「閉じている」ということだ。予定不調和な世界に対して、自分を「ひらいて」、ありのままの世界とダイナミックにコミットするのではなく、小さな自分が、「楽しいと思う価値」に枠組みを設け、その枠組みの中に、世界のほうを都合よく取り込もうとする。都合の悪い部分は見ないようにする。

「予想できる範囲でしか生きられないことの不自由」「自分が目を背けたくなるところにこそ、自分自身を広げるなにかが在る」という白井さんの言葉は、自分の人生に引き当てて、耳が痛く、深い納得感がある。

「閉じる」か？　「ひらく」か？

これも良い悪いではないのだろう。人間は生きているだけで価値があるのだし、自分の人生振り返っても、「閉じ腐って」生きていた時期がある。それもあとから考えると必要であり、いまの自分をつくってくれた時期だ。

その上で、文章表現インストラクターである私が、もてる経験と能力の限りをつくして、生徒さんの文章を読み、結果的に、いま、「面白い！」と感じる文章は、やっぱり、世界に対して「ひらいて」いる人の文章なのだ。私自身、反省的に思うのは、私たちが文章を書くとき、どうしても、感動のストーリーに仕立てあげなければいけない、という強迫観念みたいなものがあることだ。ラストに「泣かす」、あるいは「笑わせる」、あるいは「感動させる」などの「オチ」を決め、その「オチ」に向かって、都合よく、自分の体験や、見聞きした情報などを、文章に取り込んで、切って、つないで、ひとつのストーリーに仕立て上げる。でも、現実っていうのは、そんなに都合よくそこに転がっているものだろうか？

たとえば、「自分が、ある体験から人間の美しさを学んだ」という、感動のストーリーじたての文章を書こうとする。その体験には、たしかに美しい部分もあり、でも汚い部分もまじっている。現実に忠実に、「ほんとうのこと」を書こうとすればするほど、美も、醜も、いりまじっていて、そんなに単純に「いい話」にはならなくなる。

そこで、「ひらく」か？「閉じる」か？

「閉じる」というのは、自分のオチに向かって、現実のほうを、都合よく、切ったり、張ったり、加工したり、カタチを変えて、おとなしく、文章に納めこんでしまう。まとまりはあるんだけれど、展開が読める、オチが読める、つまり、「予定調和」なのだ。

いっぽう、自分のほうを、現実世界に対して「ひらく」人は、ある種、現実にされるがままになって苦しむ。「自分が、ある体験から人間の美しさを学んだ」という文章を書こうと出発するも、その体験を、正直にたどってみると、人の美しさも見たが、ついでに、すごく醜い部分も見てしまった。美しいも醜いも同時に見てしまい、ただただ「放心」している自分がいたりする。「これをこのまま文章に書いても、感動のストーリーにはならない、どうしよう?」と、もがく。そのときに、現実を都合よく切り刻んだり、文章にあわせて、ある側面だけ切り取ろうとはせず、それでも、「ほんとうのことを書こう」と苦しむ人が、世界に対して、自分をひらく人だ。

結果、そういう人の文章は、次の展開が読めない、スリリングで、ついつい引き込まれて、終わりまで一気に読んでしまう。完成度やまとまり、オチには欠けるのかもしれない。へたすると、最後まで読んだ人が、「だからどうなんだ?」ということにもなりかねないようなあぶなさもはらんで展開する。でも、文章が小さい完成品としてまとまらず、不完全でも、おどろくべきスケール感で、私たちをとりまくこの世界のほんとうを突き刺していたりする。

「世界は、つねにそこにあり」

だって世界はそういうものだ。

自分が必死で努力して働きかけたってままにはならず、逆に努力する自分をあざわらうかのように、もてあそんだり、つぶそうとしたり、大事なものを奪ったり、でも、まったく予想外のところから、手が差し伸べられたり、道がひらけたり……。世界には、小さい枠組みの自分を超えたスケールがある。

世界をうまく牛耳(ぎゅうじ)って、おとなしく自分の文章に納め込むか？　それとも、世界のほうに自分をひらいて、自分の文章力には納まりきらないほどのスケールの世界の、それでも「ほんとう」を書こうとするか？　良いか悪いかでなく、ひらいている人の文章は面白い。予定不調和だからだ。

人生もそうではないか？

これから社会に出ようとする人は、ある種「ひらきっぱなし」を強要されることになる。

学校までとは、ゴールも、ルールも、考え方も、まるっきり違う「別世界」に、ほうりだされるからだ。なじみのない、自分のやり方・考え方が通用しない世界は、不安だし、不快だ。

そこで、「閉じる」か？「ひらく」か？

楽しく生きる。自分の思い描いた、玉の輿というオチに向かって、都合よく、社会のほうを切り貼りして取り込み、都合の悪い部分は見ずに、「閉じて」、なるたけ早く、なるたけ傷つかずに、予定調和のストーリーを歩んでいきたいか？

潔いまでの「ひらきっぷり」で、別世界に、翻弄されたり、あざわらわれたり、ふいに助けられたり、思わぬものが見つかったり、傷つきながらも、「自分の枠組み」を超えたスケールの、予定不調和の社会人生活を楽しむか？


読者の白井さんの言葉をもう一度あげておこう。


「予想できる範囲でしか生きられない」ことの不自由。

「楽しく」と言った段階で、「自分の思った『楽しい』という範囲」に制限されてしまう。

自分が目を背けたくなるところにこそ、自分自身を広げるなにかが在る。

『世界はいつもそこにあり』

まるごとがそこにあり、自分はそれに介入出来得る。

もっと信じてみてもいいんじゃないか。世界は、思っているよりも貧弱じゃあない。

「信じろ！　ひらけ！」

（白井哲夫）

と、私も、これからの若者と、自分自身に言いたい。

その道に対する、歴史もノウハウもなくても、いや、ないからこそ、なおさら、

「ひらく」ことはできる。

「ひらけ！　世界は捨てたもんじゃない。信じろ！　世界は、あなたを待っている」

あの就活セミナーの学生に、私は、心から言いたい。

第２章　おかんの戦場

おかんの戦場

先日、祖母が102歳の大往生をとげた。

故郷にもどると母が、風邪をひいていた。

母にとって、祖母はお姑さんになる。「おかんは体調わるそうだなあ」とは思ったのだが、夜中にもどった私に、「ふろはどうするん？」とたずね、そろそろと、ふろをわかしはじめたし、冷蔵庫から、がさごそとありあわせの飲み物やお菓子をもってきてくれたので、さほど心配していなかった。

ただ、母はこういうもてなしをけっこうきちんとやる。けど、そのとき、袋のままもってきたお菓子は、本当にありあわせとしか言いようがなく……、買い物にも行けてないようだし、そうとう疲れているのかなあ、と思って、聞けば、「病院で点滴を受けてきた」と言う。私なら、とても起きてはいられない状態だ。

「またもや病気の母に世話をやかせてしまった……」

5年前の正月がよみがえる。

そのとき、母は腰が痛い痛いと言っていた。あまり痛いので病院に行ったが何でもないと言われたと。それでも、暮れの大掃除から買い出し、正月のお客さんたちへの、お料理、もてなしと、母がだれよりも忙しく、立ち働いていたので、さほど心配していなかった。

ところが後日、MRIという精密な機械で検査をしたら、やっぱり腰の小さい骨が折れていたのが見つかった。母は即入院、ギプスをつけて絶対安静。

骨折している母に敷いてもらった布団で寝、骨折した母がつくった鍋を食べて、自分は寝正月を決め込んでいたのかと思うと気が遠くなった。

「おかんは、どうしてそんなにがんばれるのか?」

私だったら、痛くてとてもがんばれない、というか、がんばろうとさえしないだろう。「腰が死ぬほど痛いから」と、寝込んで、用事は家族にやってもらう。それで何にも問題はない。気に入るようにやってくれないと、痛さと不安であたりちらす、私なら、そうなる。

がんばっているというより、自然に体が反応してしまう、母を見ているとそう思う。

この日も、祖母のお通夜をつとめたあと、病院に駆け込んで点滴を打ってもらい、夜更けに戻った娘に風呂をわかし、腹がすいてないかと心配までしている。自分のことより、まわりの人のことに先に目がいく、世話をしようと思う前に、もう手が動いている。

それは姉にも感じる。4つ上の姉は、地元で結婚し、2人の子どもをりっぱに育ててきた。

母も姉も家族のために人生を捧げてきた。

私ひとりが、東京に出て、「やりたいこと」とか、「自己実現」とか、子どもも産まず、好き勝手をしている。その自分の生き方に後悔なく、だれに文句を言われても、言い返す自信があるが、ただ、母や姉にむかったときだけ、自分は人間として、女として、なにか決定的にまちがっているんじゃないか？と、ぐらぐらするような感覚になる。

この日も、ひと足さきに帰った姉が、さりげなく、すかさずすっと手がでるというふうに、母をかげで助けていた。

田舎の敷居をまたぐと、自分は、とたんに役立たずになる。ふだん仕事人間で家をあけ、たまに家にいる男のようだ。もしくは、職場で気の利かない新人のよう。母を心配するものの、手が出せず、足腰立たず。

母も姉も、子どもを育ててくるなかで、風邪をひいたとか、熱がでたとかで、休んでいられる状況ではなかったろう。かたときも待ってはくれない、自分以外の存在のために、毎日毎日、目を配り、心を配り、手を差し出し……。その積み重ねが、こんなに自然で優しい行動、強くて温かい人格になっていったのだなあ。かなわない。

ひとりくらしの気ままな自分の日々を思い、打たれるような思いがした。ふだん、仕事にかまけて見ないようにしていたものが、どっと押し寄せるのはこんなときだ。自分は仕事をがんばってきた。でもそれだけでいいのか自分？

葬式の当日。

途中からだれの目にも明らかに、母は気分が悪くなってきた。姉はすかさず自分のひざかけをとって、さっと母の肩をおおい、隣りにいた、いとこのお姉さんが、母の背中をずっとさすりつづけた。

またもや見守ることしかできない私は、きのうからずーっと、その理解しきれない思いを抱えていた。

「母はどうして、こんなにがんばるのか？」

昔の人は鍛え方が違うとか、母は強しとか、あれこれ理由を考えても、いまの自分には正直わかりきることができない。熱がでても、骨が折れても、愚痴(ぐち)も言わず、不満も言わず、自分がやりたいこととか、自己実現とか、そういうことではないことに対して、がんばる母の、がんばれる母の、意味が自分には理解しきれない。

それでも葬式が済んだら、母を病院に連れて行こうと決意していた。

七十をとうにこえ、心臓の弱い母が、極寒のなか……、と考えると怖くもあった。

葬式のあとにも、いろいろとすることがあるのはわかっているけれど、祖母には、子、孫、ひ孫、玄孫(やしゃご)、それからその家族と、人手はたくさんある。見るからに苦しそうな母ひとり、そこで抜けて、病院にいったとしても、だれが母を責めようか。

ところが、「そういうわけにはいかんのんじゃ」、と母は、静かにきっぱりと、たった一言で私の申し出を制した。

私はふだん言い出したら聞かない、口では母に負けない。「見ている人のほうが気が気じゃない」とか、説得のリクツもあれこれと考えていたが、リクツは力を失い、それ以上踏み込めなかった。姉も、まわりの人も、だれも母を止めなかった。それくらい、母の姿には威厳があった。これが仕事の後輩なら、いかようにでも説得して引っ張ってでも、病院に連れて行っただろう。

「母はどうして、ここまでがんばれるのか？」

母は結局、初七日が済むまで、点滴を打ちながら、つとめとおした。

東京に戻りつつ、私はその不可解な、けれど決して軽視できないものをずーっと抱え、考えていた。わかれない私は、「では、自分が点滴を打ってまでやろうとすることは何だろう？」

と考えてみた。私は根っから丈夫で、いままでにそんな経験はない。

でも想像してみて、仕事だったらやる、と間髪いれず思った。

たとえば「講演会」なら講演会で、大勢の人が待っている、私が行かねば、と思ったら、骨を折ってズキズキ痛んでも痛み止めを打って、高熱がでても点滴を打って、私は行くだろうし、そこに不満も愚痴も言わないだろう……、と考えて、はっ、とした。

おんなじだ。

自分にとっての締め切りや講演と、母が、ごはんを炊いたり、風呂をわかしたりするのは、同じだ。と思ったら、いままでの母の行動に対する不可解なかたまりがみるみる解けて腑に落ちる気がした。

私は、仕事が自分の居場所だ。

そこは戦場のように厳しい場でもあり、自分が試され、努力が求められ、待つ人がおり、結果が厳しく問われ、自分は何か、アイデンティティにかかわる抜き差しならない場だ。仕事から家にもどってくると、戦場からもどる兵士のように自分は緊張感をとき、だらだらになってしまうのだけど。

おかんにとっては、その家庭こそが、抜き差しならない戦場なんだ、と気づいた。自分の能力や人間性が、試され、求められ、待つ人がおり、責任があり、結果が如実にでて、歓びもそこにある。アイデンティティにかかわる居場所……。

私にとっての講演の壇上が、母にとっての家庭生活そのものだ。

自分が東京から疲れて帰って、弛緩(しかん)しきって実家にもどって、スイッチ・オフにしているときも、母にとって、そこはオフなどではなく本番。母はそこで「生きて」いるのだな、と思った。

そう思ったら、いままで、仕事人間とか家庭人間とか、妙に申し訳なかったり、妙に歯が立たなかった母への想いが、どこかですこし、同志のような、つながる感じを覚えた。

これまで、おかんが、「ごはんなに食べる?」とたずねるのが、ときにうっとうしいと想いつつも、どこか軽視できない重みのようなものを感じていた。

これからは、もっとたいせつに答えられるように思う。

自分の戦場

「おかんはどうしてそんなにがんばるのか？」

　仕事人間として生きてきた私は、「自己実現」とか、「やりたいこと」とかと、およそベクトルのちがう、家族のために、弱い体をおしてまでがんばる母に打たれるような想いがしてきた。姉も家庭を持ち、家族のために半生を捧げている。自分だけ東京に出て好きなことをやっていていいのか？　自分は人として、女としてまちがっているのではないか？

母や姉を前にすると身の置き所がない自分であったが、ふと、「母にとっての家族のように、自分が熱があっても、骨折しても、愚痴も言わず、不満も漏らさず、がんばれるものは何だろう？」と考えたときに、間髪いれず「仕事」が浮かんだ。

自分にとって「仕事」が、人格が問われ、結果が求められ抜き差しならぬ戦いの場であるように、母にとっては、「家庭」こそが本番であり、戦って生きる場だ。そう思ったときに、引け目や負い目でない、同志のように母とつながる感覚がした。

――そんな気づきをつづった前回のコラム「おかんの戦場」に、読者から理解のメールが多数寄せられた。私自身、読みながら理解が深まったので、このテーマにもう一度光をあて、「読者メール」からさらに理解を深めていきたい。

〈戦場に二本足で踏ん張れる鍵〉

「おかんの戦場」を拝読し、衝動的に何かを伝えたい思いに駆られ、このようにメールを送らせていただいている次第です。

なぜ人は真剣になれるのか？　そして、なぜ人は真剣になれないのか？

その答えが、この中に集約されている、と感じました。

私は今仕事を変えようとしています。今の仕事が嫌いなわけではなく、やっていてよかったとも思います。ただ、精神的にも、肉体的にも、どうにも合わない。結果、体を壊しかけました。

自分がどうして真剣になれないのか。仕事と割り切れないから？　嫌なことがあるから？　思い入れがないから？　どれも腑に落ちませんでした。そんなとき「おかんの戦場」を読み、これか、と思いました。

私は、今の仕事を戦場と思えなかった。自分のアイデンティティを、ほんの一部でも、そこに置きたくなかった。さんまさんはたびたびテレビでこう言います。

「ここは戦場や!」

言うまでもなく、そこは、テレビという名の舞台。力強く叫ぶそのセリフは、ギャグでもあり、真実でもある。自分をさらけ出し、自分を一番に売らなくてはならない場所。たとえ一瞬でもそこに身をおくのであれば、問答無用で自分をさらけ出さなくてはならない。他の仕事ならわからない。だが、テレビというメディアは、常に自分をさらけ出す。自分をさらけ出す場所が戦場なら、間違いなく、テレビは戦場。

私はメディアに身を置こうと考えています。そして、そこにいる自分にこそ、たとえ惨めに負けたとしても、誇りを持てる。そう考えられます。

ハズレでさえも、勝ちなのだ。

自分は今、ハズレを楽しめない。だから、ハズレを楽しめるようになろうと思います。

それが出来た時、戦場に二本足で、踏ん張れるかもしれない。(きのした@なぎさ)

就職すること=自分の戦場に二本足で立つことではない、となぎささんは教えてくれます。

さらに、「では、そこを自分の戦場と言える条件はなにか?」と問題提起してくれています。

私自身、働きだしても10年経つまでは、好きな編集の仕事であったにもかかわらず、心身ともにキツイ仕事であったにもかかわらず、どこか中腰で、「ここが自分の戦場」と胸を張って言えませんでした。仕事人間、家庭人間というように、安易な線引きをしていた私でしたが、「場に身を置ききっている人」と、「まだ置ききれていない人」、というような線引きで見ると、家庭にいるから、仕事をしているから、というような垣根を越えて、通じ合える人、通じ合える領域が広がるのを感じます。

〈その責任を背負った人間〉

私は2人の子供がいる主婦で、ずっと家庭が仕事場と思ってきました。

よく言われますが、主婦は24時間365日、夜中だろうが病気だろうが仕事中なのです。たまに1人で出かけても、家族に待たれていると思えば気になるし、一家で出かけて疲れている時も、家に帰れば夕飯の支度があったりと、自分のためだけに暮らしてはいられません。また、子育て中は何年も、一晩ぐっすり眠ることさえないのです。子供のかすかな寝息の変化にも飛び起きる母親は少なくないと思います。

もちろん個人差はあるでしょうが、会社が休みの日に、パッと気持ちを切り替えてリフレッシュできた、勤め人だった頃が遠く感じます。

主婦が病気などをして家庭がうまく回らなくなると、有り難みが分かると言ってくれる家族もいるでしょうし、その不便さを腹立たしく思う人もいるでしょう。

家庭というかけがえのない小さな世界の中で、食事の支度が、家の片付けが、清潔な服の用意が、できていて当たり前、と思われることの重さに、おそらくこの先何十年と続くことの重さに、たまに押し潰されそうになります。

支えとなるのは家族への愛情です。家庭を守ろうという一種のプロ意識です。そして残念ながら、このことを実感するのは、自分がその責任を背負った人間だけなのです。


（トクメイキボー）


「プロフェッショナル」と、思わず口をついて出たメールです。社会であろうと、家庭であろうと、そこにプロはいる。プロの孤独を思います。家庭という場の多くは、このように、「たった一人のプロ」と「その他」で構成されている。同じ場に身をおいていても、緊張感がまるで違う。しかし、その温度差に気づけるのは、「自分がその責任を背負った人間だけ」です。

私はフリーランスになってから、とくにその孤独を感じるようになりました。たった独りで、全国をあちこちまわり、ときに何百人という人のまえで講演をします。独りでテーマを決め、構成を決め、段取りを決め、独り新幹線や飛行機を乗り継いで、現場に行っては独りで帰る。

その、ときに押しつぶされそうな緊張と責任は、場にいるだれともシェアすることができません。

講演先の協力者や、参加者の方々、私にとってなくてはならない愛すべき人々です。でも、緊張感が自分とはまるでちがいます。同じ場で学びあい、響きあう人たちだからこそ、自分のおしつぶされそうな緊張がだれとも共有できないことに孤独がつのっていました。

でも、トクメイキボーさんのように、きょうも、「その責任を背負いきって」、ときに押しつぶされそうになりながら、独り、現場で、戦っている人がいる。そのことに、同志を得たような心強さを感じます。

そして、自分が会社に勤めて10年すぎて、「ここが自分の居場所」と言えるまで仕事を極めたり、独立して独り、全国あちこちを講演で回ったり、自分の名で、ものを書いたり。どこにも逃げられない最後の責任を背負うものとして鍛えられ、経験を積んだ果てに、やっと、おかんの緊張を垣間見られる立ち位置に来れた、と気づきます。

私は、外に出て、東京に出て、社会のなかであがいて、あがいて、大切なものが見つかって、ようやく、うちの中にあった、母の孤独を理解できるようになってきたのだと思います。

〈お母さんの成果〉

子供達は、母の背中を見ながら知らず知らずに、その姿勢を受けついでいたのですね。それがお母さんの丹念な仕事の、成果なのでしょうね。　（Sarah）

個人的にとても嬉しい、理解のメールでした。わたしも嬉しいし、母も嬉しい。でも、それだけではない。このメールを載せたことには理由があります。働いていないお母さんも、家庭生活を通して、立派な社会人を育み、世に送り出すことはできるのだと、このメールは伝えてくれます。そこが家庭であろうと、会社であろうと、プロフェッショナルのいる現場で、プロは育つのです。

〈玉砕したくなる程の役割〉

こんにちは。「おかんの戦場」を読ませて頂きました。

まず思ったことが、私もそういうシチュエーションだったら絶対に務めを果たすだろうなということでした。ズーニーさんのお母様のお気持ちがよく分かりました。

もし、務めを果たさず休ませてもらったとしても周りのことが気がかりで、ゆっくり休めない。そして、後になってなんであの時無理をしてでも動かなかったのか、動けたはずだ……と、自分を責めて後悔すると思った。

わたしは、7年程前に腸閉塞で2週間程入院したことがある。退院当日も体の力が抜けたようになっていて、家に帰っても家事なんてとてもじゃないけど出来ないと思っていた。しかし、いざ家に帰るとリビングは散らかっていて落ち着いて寝てなんかいられない状態だった。そんな時どこからか力が湧いてくる。リビングを片付け、玄関の掃除をし、夕方には家族の為に夕食の準備をした。自分は、全く食欲がないのに、いつもと同じように準備が出来た。

私も、考えてみた。「どうして、こんな時でもテキパキ動けてしまうのか？」

これって、私だけの力ではないような気がした。私を必要とし、待っていてくれる人がいるからこそ動けるのだと。周りの人達から私はいっぱい力をもらっているのだ。勿論、自分の中の責任感もある。でも、人から必要とされていると思えた時、この責任感を遥かに超える力を発揮することが出来る。これが、私を動かす原動力となる。

人は、必要とされることで、生かされる。そして、活かされる。

玉砕したくなる程の役割を、誰でも一つは与えられているのかもしれない。　（N．T）

「玉砕したくなる程の役割を、誰でも一つは与えられている」という言葉の重さを思います。

私は、今後も、からだの弱い母に体調が悪いときはどうか休んでほしいということを言うだろうと思います。

しかし、そのときに、「こんなこと（家事）ぐらい休んだっていいじゃないか……」というような言い方を決してしてはいけない。母にとっては、ごはんをたくこと、お風呂をわかすことのひとつひとつが、私にとっての原稿であり、講演であり、「丹念な仕事」をまっとうするための欠かせないプロセスなのだ、ということを心に刻んでおこうと思います。

「玉砕したくなる程の役割を、誰でも一つは与えられて」おり、はたから見て、その仕事が軽いとか、重いとか、安易に決められるものではないし。「こんなことぐらい休め……」というもの言いは、ときに人をラクにもしますが、アイデンティティにかかわり、ときに傷つけてしまうのです。体調が悪いときはどうか休んでほしいという物言いは、場に身を置ききった人の目線で見て、その重さを受けとめて、はじめて通じる力が出るものだと思う。「こんなことぐらい……」でなく、今度はこう伝えたい。

「あなたのやっていることはかけがえがなく、あなたのかわりはどこにもいない、だから、休んでほしい」と。

選択の後、つらくなったっていい

人生の大きな選択をしたあと、しばらくたって、だれでも一度は不安がよぎる。

「自分の選択は正しかったのだろうか」

そのときに、「いまがつらいから自分は選択を誤った」「今が楽しいから自分は正しかった」と考える人がいる。これはいいことなんだろうか？

私は、選択というものは、決めるときより、その後を生きるほうが何倍もしんどいと思っている。前に進む選択をした人に、むしろ、つらい時期がくるのは当然ではないか。だから、つらくなったっていい。その選択はまちがっていない、ということを、伝えたい。

スポーツ選手の引退にしても、芸能人の離婚にしても、身近な人の退職や、起業にしても、一大決心をした、そのときに、マスコミも、人も、光をあてる。ヒーローにするときもある。でも、その後の地道な取り組みは、なかなか見えてこないものだ。

選択のその後はどうだったのか？

ある大学でワークショップをしたとき、たくさんの学生にまじって、一人の主婦が参加していた。その人は、「良き妻・良きお母さん」として二十数年、家庭を支え、子どもも手を離れたので、派遣として大学に働きにこられていた。その、いかにも「いいお母さん」な感じのする中年女性が、しかし、その外見からは想像できないスピーチをしたので、みんな、息をのんだ。

「私は20年間バレリーナを目指していました。でも、その大好きなバレエを捨てて、家庭に入りました」

彼女は青春時代をバレリーナになるために捧げた。中学・高校・大学と、家で家族と晩ごはんを食べた記憶がないほど毎日、毎日、遅くまで練習をしていたそうだ。バレエは自分のすべてで、ほんとうに大好きだったそうだ。

そこまで大好きなバレエを、でもだからこそ、ご両親は大反対した。バレエでは食っていけないというのもあるが、「これだけバレエにのめり込んでいては娘は一生、結婚もしない、できないのではないか」と。娘の幸せを願えばこその、激しい反対、徹底した説得、でもそれは、あまりにも強かったそうだ。あまりに強い反対が続き、しまいには彼女はこう思ったという。

「これだけ反対する親の言うことにさからって、何かしても、自分はこの先、幸せになれないんじゃないか？」

そこで彼女は、断腸の思いで、バレリーナになる夢を断ち切り、大好きなバレエをいっさい捨てて、お見合いで結婚し、家庭に入った。

この日のワークショップには、やはり、医者になる夢を父親に阻(はば)まれた女性が来ていた。

「女の子が医者だなんてとんでもない」と。私も彼女たちと同世代だが、そういう人はたくさんいる。私たちの世代は、女性の社会進出が声高に叫ばれるものの、実際は、根強く「男は仕事・女は家庭」の習慣が残っているという微妙な状態で、人生の進路を決めなければならなかった。

戦中戦後を生きている母の世代ならば、まだまだ女性は、仕事を持つことを許されず、女性は、良き家庭人になって当然としつけられたし、いまの若い人に至っては、女性が働くのはあたりまえになっているし、結婚をしないという女性のライフスタイルも認められてきている。

私たちの世代は、社会の本音と建て前が、引き裂けているなかで、自分の中でも、「古風な女でありたい」部分と、「新しい働く女を生きてみたい」という、２つの自分がせめぎあっていた。そのために、家庭に入るにしろ、働くにしろ、女の進路選択に一大決心がいった。

さて、選択のその後はどうだったのか？

大好きなバレエを、いっさい捨てた人生は、ひと言で言って、「自分になんにも自信が持てない。どうしても自分には、自信に思えることがまったくできない」感じだったという。

旦那さんや、お子さんの話をする彼女は幸せそのもので、実際、彼女は家庭につくした分、幸せで豊かな家庭を築いている。それは、はたから見て、充分誇れることだ。それでもなお、「大好きなものを捨てた」という選択が、彼女の中に「自分に自信が持てない」という形で、ずっと残りつづけているのが印象的だった。

でも、彼女のように、いったん家庭を選んだ女性が、中年になってから、自分自身の人生を生きようと、社会に出て行くことも最近目立ってきた。いまワークショップで全国を回っていると、中年になってふたたび、あるいは、人生で初めて、社会に出て働こうとする女性たちの意欲と、潜在力の高さに圧倒される。

彼女も、育児を終えて、社会に出て、旦那さんの扶養の枠内でできる仕事で働きはじめた。でも、自分の仕事の報酬を、同級生の報酬と比べたときに疑問がよぎる。同級生たちは、すでに会社では部長クラス、銀行では支店長になっている人もいる。単純に年収をくらべると、自分の8倍から10倍。

「半人前という言葉はきいたことがあるが、いまの自分は、人の〝10分の1人前〟。

自分はそれだけの価値しかないんだろうか？」

「子育ても終わったのだから、いまからでも好きなバレエをまたはじめればいいじゃないか」

と人は言う。でも20年間かけて鍛え上げた筋肉は20年間なにもしなければ、きれいさっぱりなくなって跡形もない、と彼女は言う。

そんな彼女の心の中に、いつからか、「多読」に重点を置いた「英語教育」をやりたいという意志が芽生えていた。彼女がそれを目指した動機や、具体的に、その英語教育をどう展開していくかというプランは、とても説得力があった。優秀な大学で、優秀な学生がたくさん将来の夢として、スピーチをした中でも、非常に実現性と説得力があり、支持されていた。

二十数年、主婦として、育児や実生活を通して社会と関わり、そのはずさない現実感覚の中で、いまの「英語教育」が切実に問題意識に上った。そこから出発したものだから説得力があるのだ。いまは、「英語教育」の仕事を自ら起こすべく、一歩を踏み出した彼女だ。

彼女のように、高い潜在力を秘め、いったん家庭にはいった女性が、再び社会に出よう、自分を生かそうとするときに、やさしい社会であってほしい。「再び社会に出よう」という選択をするのも、勇気がいる選択だが、その後のほうが、ずっと大変だと思う。

彼女は、家庭がうまくいき、ご家族の理解のもとに、第二の人生を踏み出すわけだが、なかには、熟年離婚など、家庭を捨てるという選択をして社会に出る人、あるいは、家庭を捨てるという選択をしなければ、再び社会に出る道を許されない、自分を生かす道に踏み出せない事情の人もいる。家庭のために半生を捧げた女性が、離婚などを期に、社会に出て働こうとしたとき、たぶん予想以上につらい時期があるのではないかと思う。

一番は、「アイデンティティの組み換え」の問題だ。よき妻・母であった人ほど、そこにすべてを捧げてがんばってきた人ほど、「主婦」という自分の人生最大のアイデンティティを失い、「家庭」という居場所を失うことになる。アイデンティティは、失うのは一瞬でも、つくっていくのは、長く地道で根気の要る作業だ。同じ中年で離婚するカップルでも、夫のほうは、アイデンティティまでは失わない。主婦に支えられて、結婚生活の間中、社会で活躍し、充分な自分の居場所や地位、充分な人のネットワーク、充分な仕事のスキルが、自分の中にあるからだ。

男には男のつらさ、女には女のつらさがあり、どっちがどうと比べられるものではないが、見ている風景はずいぶん違うものだと思う。

離婚後、あたらしい伴侶を得るにしても、男性のほうが、女性より、結婚や子どもをもうける年齢は、高い分、余裕があるように思う。くわえて女性には、社会進出するための、準備やスキルなど、どのように自己教育していくか、という問題がある。

私自身は38歳で、現役会社員からフリーへの転身だったが、それでも、職種が変わったため、ハンパでなく、とまどったし、ものすごくもがいた。基礎づくりだけでも5年かかった。

まったく働いたことのない主婦や、長くブランクがあった主婦が、一からはじめて、働き甲斐のある仕事をおこしていこうとするときに、とまどいも、基礎づくりの期間も、長く苦しいと思う。いわば、結婚生活を支えている間、ご主人が、社会に出て、新人時代から仕事のなんたるかを一から覚え、経験を通して能力を磨き、年月をかけて人間関係を構築していった分の苦労を、中年になってからのスタートで、一気に集約してやらなければならないということだ。

だから、なにか新しい道に進む選択をした人が、一時期、つらくてたまらないようなところを通りすぎなければならないのはあたりまえだし。そのつらさは、自分の人生にかつてない、新しい領域に足をつっこみ、自分の中の、開発していなかった潜在力が、鍛えられていることの証だ。

だから、つらくなったっていい。その選択はまちがっていない。

進む選択をした人は、一時期つらくなる。つらくてどうしようもない、出口のないところに完全にロックされたような状態になる。それは、むしろ進んでいることの証だ。短くても、5年ぐらいは基礎づくりと思って、時間をかけて、希望を持って、新しいアイデンティティを編み上げるまで自分を温かい目で育ててほしい。

アイデンティティを組み換える人に尊敬と寛容のある社会であってほしい。

第3章　結婚しても働きますか？

結婚しても働きますか？

働く女性も増えて、いまどき、いくらでも進路を選べそうなのに、「将来の目標は？」と聞くと、はなから一瞬のためらいも葛藤もなく「お嫁さん」と答える若い人がいる。

つい、何か言いたくなるのは私だけだろうか？

将来の目標は「よい家庭を築くこと」という若い人も多い。彼らは、「家族」を何よりも大切と言い、地元に残るということもとてもいいことだと言う。また、「玉の輿」という言葉、私たち世代にとっては古臭くって父さん母さんしか使わない、人前で口にするのさえ恥ずかしかった言葉が、ごくフツウに若い女の子の間で堂々と使われているのに驚く。白金や芦屋などの素敵な奥さんもとてもステイタスになっている。

　自立する女性がかっこいいというマスコミの風向きはどこかで確実に変化した。「負け犬」という言葉がでてきてとどめを刺したように思う。女性の社会進出の矢おもてに立たされ「自立」をおぼつかないながら切り拓いてきた私たちの世代には「先祖がえり」とも見える、若い女の子たちの「家庭志向」。
でも「将来の目標はお嫁さん」という若い人のほうから見れば、いまどき「負け犬」になるほうが時代遅れ、それだけはいや。まずは「女の幸せ」、それだけは逃さぬように、それあっての自立、という順番なのだろう。
前回のコラム「選択の後、つらくなったっていい」には、たくさんいいおたよりをいただいた。時代の中で、「家庭」を選択した女性たちの、中年になってからの社会復帰・社会デビューのことをとりあげたのだが、
中年離婚でも、「家庭は失ってもアイデンティティまでは失わない男性」に比べ、「家庭という居場所を失い、主婦という仕事を失い、社会デビューには、アイデンティを組み換えなければならない女性」とは、ずいぶん見ている風景がちがうと、女性の視点を述べたところ、男性の視点も教えてくれる、いいメールが届いた。まず、読んでほしい。

〈決断のときに要るもの〉
アイデンティティの組み換えの話は、以前からいろいろ考えていたことであり、かつ、男性に話をふってみると、確実にかみ合わなかったので、先週の話はとても興味深く読ませていただきました。

知人の男性に読んでもらって、少し意見を交換したのですが、男性の目からは、「20年間バレエを続けられたという、その自由さが羨ましい」とのことです。

男性の場合は、もっと早いうちに、そんなことはやめて良い大学に、良い会社に、収入がないと生活できないぞ、となるので、20年間という長い間続けられたことだけで、とてもいいことだと感じたと言っていました。

そう言われてみれば、小学校の頃ピアノを習うのは男の子も女の子もいるのに、学年が上がるにしたがって、大学ともなったら、音楽科はほとんど女性の学科のようになっていますよね。そこに至るまでに、男性は少しずつ道を矯正されて来ているんだ、ということに気づきました。男性と話がかみ合わなかった理由の一つだと思います。

男性は、中学、高校、大学、と時間をかけてじわじわと矯正されているのですが、女性は趣味に生きられる可能性が高く、趣味に本気で打ち込める環境が整っていた場合、長期にわたる矯正期間というものが存在しないため、あるとき一気に矯正しようとする状況が訪れる、それがアイデンティティの組み換えと表現されている、と考えました。

女性の場合は、結婚して夫に養ってもらうのが当たり前、という社会の価値観があり、そのために、自分で生活するすべということを考えなくてもいいので、自由にできてきた（ちょっと言い過ぎかもしれませんが）、という背景もあるかと思います。

ただ、周囲から言われて苦渋の選択をするにしても、その決断をするにあたっては「覚悟を決めた」のか、それが気になります。周囲の希望のほうが強いと、それが自分の希望であるように感じてしまって、周囲の選択肢をとってしまったとき、後で、本当はこうしたかった、というもやもやがわき出てくるんじゃないかと思うんですよね。

「覚悟を決めて」道を変えた場合は、自分の判断として前進できるように思います。何かあったときにもやもやとわいてくるのは、「覚悟を決める」ということを、これまでにどれだけ深くしてきたか。そのことが問われている時でもあるんじゃないかと思いました。周囲の希望を自分の判断とした、その時の自分に落とし前をつけないと、先に進むのは難しいんじゃないでしょうか。

20年間バレエを続けてやめた、という、そのやめ方を苦渋の決断とはいえ他人の判断に乗ったという気持ちがあり、その時の自分に落とし前をつけた、その結果、新しいことが見えて、進む道が決まった、そういう話だと感じました。

私がとても大きいと思っている男女の違いは、男性は「自分で生きることが基本になった矯正」をされているのに対して、女性は「常に依存した生き方がいいという価値観に基づいた矯正」をされている、ということです。

ですから、中年離婚の例で言えば、男性は自立の基盤は持っているのでそれほど大きな変化はなくて済むけれど、女性は依存から自立へ精神構造の組み換えを行わないといけないので、経済的にも精神的にもかなりしんどいことになるのではないかと想像します。

生活の基盤も自分で、という女性がこれからも増えるのかどうかは、わかりません。若い人の中には、すぐにでも専業主婦になりたいと言う人も多いと聞きます。

上の世代からの刷り込みなのか、自分で選択していくことがしんどいことを察知してのことなのか、女性は選ばれてなんぼ、という価値観はそう簡単には無くならないのかもしれないです。それでも、他人に下駄を預けるということが、どれほどのリスクを背負うのか、ちゃんとわかって選べよ、と。前回の話から、私はそんなことも読み取りました。

私は、経済基盤のすべてを他人に預けている状態は、人生を他人に預けているのと同じだと感じていて、それって自分の人生なのかしら？と思っています。なんというか、自分の人生を自分で受け止める、その自信というか、そういう物は自分の稼ぎで生きていける基盤があることが重要な気がするんです。

だから、私は自分で自分の人生を受け止めるためにも、自分の生活費は稼ぎ続けようと考えています。そうすることで、日常の小さい判断を自分の責任でするようになり、いざというときに、当然のように覚悟を決められるようになるんじゃないかなあ、なんていう期待もあります。

とりとめのない話になってしまいました。以前から疑問に思って解答が見えないと思っていたことだったので、前回の内容はとても興味深く、また、知人と良いディスカッションができたので、現時点での解答が得られたと思っています。これからも考え続けていきたいことなので、取り上げてくださってありがとうございました。それでは。

（読者　のりさんからのメール）

私は、このコラムの「おかんの戦場」にも書いたように、主婦の仕事を非常にプロフェッショナルな仕事だと思っている。それは母の時代も、いまの時代も変わらず。育児や介護、さまざまな事情で、主婦業に専念する女性の生き方と、そこから鍛えられ、磨かれていく感覚に、ときに、打たれるようななかなわなさを感じることがある。

にもかかわらず、その主婦になろうとする「将来の目標はお嫁さん」という若者に、もの言いたくなるというのは、自分でも矛盾していないか、とも思った。

でも、「おかんの戦場」の主婦たちが家庭を選択することと、「玉の輿」という言葉を臆面もなく使い、将来の目標はお嫁さんと一瞬の葛藤もなく言う女の子とは、やはり何かがちがう。

のりさんが「そこに覚悟はあるか」と表現したそれを、私なりに表現すると、「そこに社会はあるか」ということになる。

「社会」という言葉は、言葉にしてこうして書くと薄っぺらく、偽善っぽく響くのはわかっているのだけど、それでも、誤解を受けても、玉の輿を目指すという女の子には、自分と愛する人の幸せだけがあって、外がない。「私とあなた」だけがあって、その他はカンケイない。

おかんの時代は、家事や育児をするといっても、何かもっとひらかれた、大きなものに向かって、やっていたように思う。

戦後で生きるのがとても厳しかったこともあるし、背負うものがたくさんあったように思う。生まれた家を背負い、故郷を背負い、親類・縁者を背負い、ひいては社会を背負い。国とか、社会とか、なにかもっと大きいものにむかって、あるいは使命を負って、家事や育児をしていたと私は思う。

社会参加を声高に叫ばなくても、ただ生きるだけで厳しすぎる時代だったから、家庭に入っても、社会との接点が緊密にあった。

結婚しても働きますか？

その答えは大きく3通りある。

結婚しても働く。

結婚したら辞める。

その間というか、なんとかできる形に変えて続ける。

このうちのどの選択肢がいいということでは決してない。

のりさんの言葉を借りれば、選ぶときの覚悟と、その覚悟を育てるための日々の選択の連続による訓練が大事なのだ。

私流に言えば、選んだときの視野。子どもの状態の自分から、決断のときまでにいかに社会的なまなざしを獲得しておくか。その社会的な視野を育む(はぐく)ための、日々の訓練をどう積んでおくかが必要なんだろうと思う。

自分と社会のつなぎかた

結婚しても働きますか？

となげかけた前回のコラムには、たくさんの反響をいただいた。まずは、結婚前の女性の、こんな声から。

〈現在25歳〉

彼と結婚の話題が出るたび、なんで決断してくれないの？　とイライラし、その一方で、他人に自分の人生の判断を預けてしまう、自分の人生からの責任逃れをしようとしている自分に気づきます。（北海道在住、ペン）

〈自分自身がわからない〉

先日、ある研究職の男性が学生時代に教授に言われたひと言を教えてくれました。

「結婚するなら学生のうちに。お金が無くても、職が決まらなくてもそれでも良いという相手じゃないとダメだ」

大学に残って研究をするということはすぐにパーマネントの職に就けるわけではないことを意味します。この教授の言葉は、愛する人と幸せになるための覚悟がある女性を選べ、そういう意味なのだろうな、と私は取りました。

私はそういう女性なのか？　と自分に問いかけたとき胸を張ってイエスと言えないような気がします。

他人の稼ぎをあてにするなんて自分の人生を歩けない、自分の収入は確保しないといけないと考えています。ただ「結婚したい」と思う瞬間を思い起こすと、男性ばかりの職場に疲れ、身も心も休まりたいと感じている時であり、結婚を逃げ場として捉えていたのだと気付かされます。決して結婚は楽なことではないと頭ではわかっているのに楽になりたい、頼りたい、だから結婚したいと思う私は自分の幸せしか考えていないのです。

妊娠を機に専業主婦になった友人は、出産後「いつダンナと別れても子供を守れるよう、手に職を付けるために学校に通う」とキラキラした目をして将来の構想を話してくれました。とても仲の良いご夫婦なのですが、彼女から母の覚悟を感じ、圧倒されました。

「お嫁さんになりたい」と公言している女性をどこか白い目で見ているくせに、逆にその天真爛漫さが羨ましいとは素直に口に出せない。友人のように覚悟を持っていないことが情けなく、本当はどうしたいのか、どうなりたいのか、自分自身がよくわからないまま、日々選

択をしています。（そら）

〈仕事をしたい〉

現在、25歳です。今年アパレルに就職しました。

25歳で新入社員というのは、時々キツいと思うし、焦りやプレッシャーもあります。

25歳といえば、結婚ラッシュで、自然と自分の方にも結婚話が振られます。先輩の女性から「結婚して養ってもらいたい」と聞く度、今まで築き上げてきた、この服飾に対するキャリアはどうでもいいんだろうか？と私は思います。

今、こんなに頑張って働いているのに、それを簡単に捨てられるんだろうか？

大学時代に一緒に美術を学んだ友達も、結婚して美術から離れたりしています。私なんかは大学時代は落ちこぼれで、まともに学校に行ってなかったし、評価も悪かったけれど、結婚した友達は真面目にきちんと制作していたのに、そういうものとは無縁な世界に行ってしまった感じがして、違和感を感じるようになりました。彼女達は現在も美術が好きでしょう。しかし、それで食べる、という訳ではないんだ、と思いました。

私は最近、結婚をしたくない、というように思うようになりました。何故なら、結婚すれば共稼ぎでも、自分が家事をやることが目に見えるし、一人で十分に生きていけるし、これから先の仕事の選択も自由に出来るからです。食べさせてもらったとしても、なんとなく相手に申し訳なく生きていく気がするからです。

ただ色々考えて、いつもぶつかる壁は、子どもです。子どもが欲しいと思った時に、第一線では働けないと思うし、自分の両親が共稼ぎだったせいで、幼少は寂しく過ごしたので、自分の子どもにそれはさせたくない、と思います。そういう何か将来を考える度、窮屈に感じ、日本で働くことの難しさを感じます。

結婚か仕事かの二者択一を迫られている気がします。出来れば子どもが欲しいし、第一線は続けられないとしても、仕事をしたい。旦那に申し訳なく生きていきたくない。そんな風に私は思っています。私は私と同じように考える若い女性が少ないことが残念だし、そういう私を受け止めてくれる男性が少ないのも残念です。　(nano)

ひきつづき、今度は結婚後、専業主婦を選んだ女性と、働くことを選んだ女性、2通つづけて紹介したい。


〈コントロールできないものを引き受ける〉

子どもが出来て会社を辞め専業主婦になりました。今後落ち着いたらまた働きに出たいと考えています。子どもを持ち自分の外に守り育てるものが出来た。その時に社会性が重要なんだと思いました。

24時間子どもを夫婦だけで見ることは到底出来ない、否が応でも周囲の手をお借りする。働き続けるのであれば子どもをそれなりの施設に預けなくてはなりません。大事に思う家族を預けるのですから、親として社会に開かれていなければ、自分も相手も安心して子どもを預けたり預けられたり出来ません。

子どもが手の内から飛び出して一人で動けるようになったら？　その時は地域の人、出て行く社会全てに、子どもをお願いしなくてはならなくなります。

親として「あそこの子なら大事にしてあげたい」と思われたい、「あのお家のためなら一肌脱ごう」と思ってもらいたい、そう思い家事や育児をしていかなくてはと思うようになりました。小さい頃「なぜ母親は近所の人にあんなに丁寧に世辞やお礼を繰り返すのだろう」と考えていたまさにそのことを親としてするようになりました。

大人になって結婚して家庭を築き子どもを育て老いる。それを辿っていても、なんとなく流されていられるわけではなく、世の中の流れの中で、皆必死に泳いでいると私は思います。

自分でなんとかできることや自分で決められること、それをするための覚悟は自分の中でのことです。リスクを押してでも飛び込ませるものがまず身の回りにあり自分ではどうにもならない、コントロールできないものを引き受ける、そういう覚悟もあるのではと思います。自分を持ち、自分で決めていくことは大事ですが、自分で決められなくても自分を持つことは出来ると思います。

「私は、経済基盤のすべてを他人に預けている状態は、人生を他人に預けているのと同じだと感じていて、それって自分の人生なのかしら？」

私もそう考えていましたが、ここで言われる「自分の人生」はとても孤独な感じがするのです。社会的な視野というものがどう培われるのか、私にはよくわかりませんが自分の足元には何があるのか全てを他人に預けている子ども時代、かつて皆そういう子ども時代を過ごし周囲に支えてもらって育ち、自分の手でお金を稼げるようになる。その上にある「自分の人生」。そこに「他人のための人生、他人と支え合う人生」というものもあっていい。

何が自分を大きくして今があるのか、今何に支えられて自分があるのか、それもあわせてアイデンティティを組み立てる必要があるのではと思います。（Y）

〈揺れる波〉

私は病院で働いてるのですが、職場で初めての「2つの選択」をしました。「結婚しても働き続けること」と「子供を産んでも働き続けること」。

つまり、『結婚したにもかかわらず、寿退社せずに職場で初めての産休・育休取得者で、かつ女性で初の子供を持ったフルタイムで働き続けている』職員ということになります。

夫は、私が仕事を続けることに賛成しており、協力は惜しみなくしてくれています。彼はそれを「当たり前」といっています。彼の職場には働いて子供を産み育てている女性が多いようです。

しかし、職場の彼と同世代の上司達は違っています。何かにつけて「子供が寂しいのではないのか?」とか「小学生になったらどうするのだ?」「2人目の時に休暇をとったら人の補充はどうするのか?」「この資格を取っておけば他のどこの病院に行っても通用するから」と言ってきます。つまり、私を評価する時に「仕事の内容」でなく、「母親の部分の評価」まで含めて評価し、かつ「今後近いうちに辞めていくだろう人材」として見ている印象を持ちます。

私としては一度も退職を示唆したことはないし、「母親」としての部分を心配するのであればヒアリングを行い、業務負荷の調整や人員の配置を検討するのが上司の仕事で、その対応をして欲しいと思っています。

実家や夫の父・母にも同じように見られている印象があります。言葉の端々に感じることがあります。両方の家の母達も専業主婦で子供を育ててきたので仕方ないと思ってはいます。

この状況に対して、真っ向から反論ができないことも私のストレスのひとつです。なぜなら彼らには全く悪気がないのです。女性は家庭を守り育児をする、その女性が自分と同じように働いているのでは心配のひとつもしたくなる……『悪気のない悪意』が結婚し子供を産み、仕事も続ける選択をした私の首を絞め続けています。

日によっては声も出せないほどの苦しさを伴い、選択した後の辛さをいやというほど味わうことになります。その辛さが波のように自分の中でうねり、落ち着くまで自問自答をくりかえす日々になります。結局は仕事が好きで、子供を産んで復帰してからの方が更に面白く仕事をしているので、それが防波堤となり、うねる波が落ち着くまで待つことで辞めずに済んでいます。

自問自答の日々がこれからも私の選択・決断を助けることにつながると信じて、今日も明日も明後日も、妻として母としてオンナとして（普段忘れかけてますが）仕事はプロとして、夫と子供とともにこの社会で過ごしたいと思っています。（K）

人間は社会的な生き物である、と私は思う。無自覚であっても、どんな形でも、人は、社会とつながろうとする。

社会とつながる、というときに、いちばんわかりやすいのが、「仕事」という「へその緒」を通して、自分と社会をダイレクトにつなげる、というやり方だ。仕事をすることで、自分から社会に「貢献」して、その対価である「報酬」を得る。

一方で、間接的に社会とつながるやり方もある。たとえば、子どもは働くことができなくても、お父さんは、社会とへその緒がつながっている。そのお父さんとつながっていることで、間接的に社会とつながっている。また、私自身もそうだったのだが、大学を出たてのときに、自分と社会を直接、へその緒でつなぐのは難しいので、「会社」に入ること＝「就社」を選んだ。会社は、すでにがっちり社会とへその緒を結んでいるので、その会社に入ることで、間接的に社会とのつながりを得た。

仕事でなくとも、社会とのつながりは得られる。だが、お金は、社会と世界を循環するものであり、通用するものだ。仕事を通して、お金だけではない、社会に通用するレベルの情報や、技や、知恵や、時代性や、人の思いや、いろいろなものが入ってくる。

新入社員であった私も、社会からダイレクトに養分を取り入れるのでなく、まず会社が、へその緒で社会から養分を取り入れ、そこから間接的に養分を得ていた。だから、個人の努力でどうにかなる部分もあるが、会社のへその緒に左右される部分が圧倒的だ。会社のへその緒が太くまっとうなら、新人ではなかなかとれないすごい養分も摂取できるし、会社のへその緒がしょぼくてゆがんでいれば、自分もなんらかの影響をうけざるをえない。

専業主婦は、もちろん仕事以外に社会とつながる方法はあるが、仕事という側面にかぎってみると、旦那さんが社会とへその緒をつなげていて、その旦那さんの後方支援にまわることで、絆を結び、間接的に社会とつながっていく。

自分と社会をダイレクトにつなげるのがいいか、夫を通じて間接的につながるのがいいか、どっちがいい、ということは決してない。社会と自分をダイレクトにつなげ、常に、貢献と報酬の循環を起こし続けることは苦しいことだし。新入社員の人がもし、急に会社が倒産したり、ずっと専業主婦できた人が夫を失うと、その先の社会とのへその緒まで、一時断たれてしまうというリスクはある。夫のへその緒で社会とつながり、それを家族みんなで支えているから連帯感があり豊かだ、と思う人がいていいし。旦那さんも、奥さんも、それぞれダイレクトに社会とつながっていて、なおかつ、一緒にいるから連帯感がある、「ウチは2本のへその緒で社会とつながっているから豊かだ」という考えもありだ。

どっちを選んでもいいという自由があり、その自由は、決してさまたげられてはならない。

ただ、どっちを選ぶかで、その先の風景も、自我のあり方もずいぶんちがうと私は思う。

選ぶときに、社会を現実的に、ひろい視野で見て、知っているか、が実は大事だと思う。自分の反省から、世間知らずで、囲いこまれた選択肢では、なかなか自分らしい選択はできていないものだ。

社会に目を広げてみたら、社会の方が自分を呼んでいる、そう気づく女性も少なくないのではないだろうか？　読者のYさんは、「お子さん」という「リスクを押してでも飛び込ませるもの」が身のまわりにあったという。本当に尊いことだと思う。

「自分でもコントロールできない、でも、確かに自分を強く必要としている存在があり、それを引き受けた」と。Yさんの「お子さん」に匹敵するものを、「社会」の中に見つける女性もいるのではないだろうか?

社会を見たら、社会のほうに、切実な問題や要求があり、ささやかでも確実に自分を必要としている。自分がやらずしてだれがやるとまでは言えなくても、自分がやったほうがいい、引き受けるべきこと、そういうこともあるんじゃないかと私は思う。

社会的矯正から自由になる

「結婚しても働きますか？」という選択肢そのものが、男には与えられていません。

私は、37歳・男で、家族を守るために働いています。しかし、妻は、「仕事をやめる」選択肢も持っていて、いざというとき、選ぶこともできるのです。以前、「僕が家庭に入って君をサポートするから、君は外で思い切り仕事したらいいよ、と言ったらどうする」と訊いたら、妻は「そんな非現実的なこと」と検討すらしませんでした。

そういう提案を真剣に検討しようとする女性がどのくらいいるでしょうか？

（読者　haraさんからのメール）


自分だったらどうするか？　と考えてみた。ちょっとショックだった。「いや」、なのだ。

それは、夫が病気になるとか、育児とか、親の介護とか、なにか事情ができたら、私も夫のために喜んで働く。だけど、ただなにもなく、ただ、結婚を機に夫が家庭に入りたいと言ったら、とても自分のほうに受け入れるキャパがなさそうだ。
私は女性の社会進出の矢面にもなり、小論文でジェンダーの問題も扱い、自分なりに進歩的な考えをもっていると思っていた。しかし、世の男性の多くがすでに検討済みの問題に、ただ不意うちを食らって、面食らっている。この差はなんだ？
「教育の差」。もっと言えば、社会的刷り込みの差だ。コラム「結婚しても働きますか？」で読者の「のりさん」が言ったように、
男性は、常に、「自立」して生きなければならないという社会的矯正を受けて育つのに対し、
女性は、常に、「依存」して生きるのが良いという価値観に基づいた矯正を受けて育つ。
男性は、幼い子どものころから、「将来はどうやって食べていくのだ？　そんなに弱くてどうやって嫁さんや子どもを食わせていく？」と、自立だけでなく妻子を背負う強制までコツコツとされて育つので、就職のころまでには、相当に追い込まれてもいるし、この社会で自分がどうやって食っていくかについて考えさせられている。
女性は、「女は家庭」の価値観の刷り込みに、相当に道を阻まれソンもするが、そ

の分、あまり早くから進路を決断しなくても、社会から責められない、あるいは責めてもらえないで育つ。だから、就職の選択は唐突にくる。トツゼン、一気に、集中して考えて決断せねばならない。

私の人生最初の大きな進路選択は、33歳のとき、地元の岡山に残るか? 東京に出るか? だった。

私は、小さい時からずっと地元志向があり、地元の小学校の先生になって、母に楽をさせてあげたいと地元の国立大・教育学部を選んだ。就職のときも、東京に行かないかという友人の誘いにも、「家族と離れる気はない」といっさいなびかなかった。

これは自分で選択したことである。

しかしヘンなのだ。その気持ちとうらはらに、自分の中に、「早稲田とか、慶應とか、東京の大学を目指してがんばっていたら、ひょっとしたら受かっていたんじゃなかろうか。東京の大学に行っていたら、自分はどうなっていたか?」と、たびたび考えてしまうのだ。地元岡山の企業に進んで、東京から来た同僚の話を聞いたり、東京に出張に行くようになって、さらに、「もし東京に行っていたら」と考えるようになった。

先日、25年ぶりに同級生に会った。彼女は、ふるさとの同じ高校から同じ大学・同じ教育学部に進んだ。彼女はなんと、高校の進路面談で、「早稲田の文学部を受けたい」と言ったそうなのだ。そして答えはNO、受けさせてもらえなかったという。合格率をあげたいという意図もあるだろうが、当時、地方では、地元志向が根強くあった。とくに女の子は地元にという願いが、親も、先生も強く、「偏差値×距離」で、輪切りにされるように、進路をあっせんされた。学部も文学部より就職に結びつきやすい教育学部へと緩慢に誘導されていた、それと知らされずに。

自分の意見を言って、なんとなく親や先生の願いに言いくるめられてしまった友人と。なんとなく親や先生の願いのほうを先に感じ取ってしまっていて、それを自分の意見と信じて、ほかを見なかった自分と。

これは自分で選択したことである。しかしどこまで「自分の選択」か？

そんなご時勢だから、33歳になる女が家族と離れ、ひとり、やりたい仕事を極めるために東京に行くなどというのは、ずいぶん心理的・社会的に抵抗のあることだった。当時勤めていた部署が、部署ごとゴッソリ東京に行くことになり、全員が人生の選択を迫られた。いまの仕事を続けるために東京に行くか？　岡山に残るために別の道をとるか？　別の道というのは、子会社への移籍、運よく岡山に残れても意に沿わぬ部署へ異動、地元の別会社へ転職、仕事を辞めてしまう、などなどだ。

女性は、やはり、いろんな理由から東京行きを辞退する人が目立った。私の隣の同僚は、男性だったけど結婚が決まっていたので、スパッと会社を辞めて岡山に残り、それもかっこよかった。

自分はどうするか？

人生の選択にあたって、相談した２人の先輩がいる。１人は職場の上司。もう１人は地元テレビ局のディレクター。いずれも男性だった。「女性なんだから……」というようなことを言われるかなあと思っていたら、２人の反応は、まったく予想を裏切るものだった。

「東京に行きなさい」

間髪入れず、迷いなく、２人の先輩はそれぞれ断言した、

「プロとして一生働き続けるつもりなら、一度東京を経験しなさい。東京を知れというのではない。東京では全国レベル、世界レベルの仕事もされているから、全国レベルを一度経験しなさい」

「いずれ地方に戻るつもりでも、いったん全国水準を経験してからのほうが仕事が広がる」

「人を羽ばたかせる」ということができるのだとしたら、２人の言葉は、間違いなく、私に翼をつけてくれた。

当時は偶然だと思っていた。たまたまいい先輩にあたったと。しかし、いま、偶然

ではないとわかる。ずっとずっと考え続けてきたからだ。2人の先輩は、ずっとずっと、自分自身がプロとして、この社会でどう自立して生きていくかということを。私が考え始めるよりずっと早くから、ずっと切実に、ずっとコツコツと考え続けてきた。だからブレなかった。

男もつらいんだ、と生まれてはじめて気がついた。

のりさんの知人の男性が、20年間バレエという好きなことを続けられた女性に、

「その自由さが羨ましい」

と言ったのを思い出す。男性の場合は、もっと早いうちから、「そんなことはやめて良い大学に、良い会社に、収入がないと生活できないぞ」となると。小さなうちから、人によっては好きなことさえ早々に取りあげられ、自立をあおられ、社会に出てからは、自分と社会の抜き差しならぬ緊張にずっと身を置き続け、自分の足で立って当然と、男性はずっとずっと強制されてきた。

変わり続ける社会に対して、「貢献」と「報酬」の循環を起こし続けていくことは、予想以上に緊張を強いられる行為だ。

けれど、男性はこの緊張から逃れる選択肢がない。たとえ自分が逃げることを選択しても、そのときに、妻や子どもや守るものでロックがかかる。

私は、2000年に独立し、自分と社会を、ダイレクトに仕事という「へその緒」

で結ぶという無謀な挑戦をし、結べなくて5年間、七転八倒した。それまで会社を通して間接的に社会とつながっていて、その構造を変えるだけで、こんなにもしんどいのかと思った。そういういまだから、男のつらさをより身近に感じるのだ。
私が東京に出てしばらくして、東京に出るとき相談にのってもらったテレビ局のディレクターを何度かテレビで見た。国際紛争が激化するなか、とても危険な地域に身を置いてのレポートだった。思えばこの先輩も、なぜ、生命を危険にさらしてまで働くか、働くとは何か、ずっと考えてきたはずだ。また、東京に出るとき相談にのってもらった上司は、足に重い障碍があった。人権問題について、ずばぬけた才覚を持って社をリードしていた。思えばこの先輩も、自分がどう自立して社会で生きていくかということを早いうちから切実に、ずっと考え続けてきたはずだ。
2人とも自立のエキスパートだった。だから岡山か東京かという問いは、2人それぞれの仕事人生の中で、充分検討済みのものだったに違いない。そのうえで2人は岡山で働くという選択をし、だからこそ、私に東京に行くよう、背中を押してくれた。

これは、自分の選択か？

男性も女性も、内容はちがうが社会的矯正のなかでせいいっぱい自分らしい選択をしていくしかない。そのときに、強制から自由な選択ができる人は、その道についてずっとずっと考え続けてきた人なのだと、2人の先輩は教えてくれる。

第4章　グレーゾーンの住人たち

いきやすい関係

「生きづらい」と感じる人が多い世の中で、もうちょっと、「息のしやすい」「生きやすい」環境に、自分のまわりをできないものか。そんな問題意識をこめて。「いきやすい」居場所について考えてみたい。

社会人になりたてのころ、よく母から注意をうけた。

「行くも仁義。一次会だけでも顔を出しなさい」

人見知りなのだ、私は。よその人がうちにくると、ぷっ、とふてくされて2階の自分の部屋に行ってしまうような子どもだった。ちいさい子どもにとって、あまりよく知らないおばさんと話すのは、おもしろくない、をとおりこして苦痛だ。はやく、この知らないおばちゃんが帰って、母と姉と私だけのいつもの楽しい時間になればいいのにといつも思っていた。

姉は正反対で、いつ、どんな人が来ても、嫌な顔ひとつせず、わけへだてなく社交した。だから、なにかの集まりに行っても、姉は、「ちーちゃん」「ちーちゃん」と行く先々で好かれていた。

そんな私だから、好きな人とだけ濃くつきあいたい、それ以外はどうでもいいようなことをすると、母はお見通しだったのだろう。社会人になってからも大人数の飲み会やつきあいに顔を出したがらない私に、母は、これだけはよく言った。

「行くも仁義じゃ。一次会だけでも顔を出しいよ。一次会だけ顔を出して、ぱっ、と帰りゃぁええが」

母曰く、一次会だけ顔を出して、おいしく飲んで、食べて、にこにこして。いやならそこでさっと帰ればいい。それでも一次会だけは行けというのである。正直、なんでそんなことをしなければいけないのか、リクツでは飲み込めなかった。でも、会社で宴会の出欠表がまわってくるたび、「行くも仁義」の母のひと言がふっ、とよぎり、なぜかいつも、まるをしていた。

いま、大学生でも、大学に「行きづら」かったり、休みがちになったり、ついには大学に来なくなったりする人が多くて、教員も対応に追われている、という話を、よく耳にする。ある先生は、ゼミの学生のひとりが大学に来なくなったので、

「ねえ、○○さんを最近見ないんだけど、どうしたの?」

とゼミの学生たちにたずねた。そのゼミの学生は全部で11人。春から11人のチームでスタートして、もう10月も過ぎようとしていた。

ところが、だれひとり、その学生の近況を知らず、その学生がどこに住んでいるのかも知らず、電話番号も知らず、それどころか、ただのひとりも、その学生の下の名前を知らなかったというのである。これには、日ごろつきあいのわるい私も驚いた。なんとなくは知っていた。

私たちが学生のころも、つきあいの狭い人も、ひろい人もいた。だけれども、なんとなくは知っていた。同じチームで半年もたてば、だれかしら、あいつはどのへんのアパートに住んでるとか、どこでバイトをしているとか。名前ぐらいは、だれかが。それが、「1回話したことがある」とか、「1度だけ、先輩の飲み会に来ていて飲んだことがある」とか、どんなに希薄なものだとしても。

白か黒か。

いまどきの人間関係は日々そうなりつつあるのではないか。つまり、とっても仲がいいか、まったく知らないか。好きか、赤の他人か。

そこには「グレーゾーン」がない。

濃いつきあいではないけど、そこそこ知ってるとか、友だちとまでは言えないけど、まあ接点はあるとか、グレーゾーンの住人が、ズドーンと抜け落ちている。家族にしても、友人にしても、2、3人のごく少数の限られた好きなもの同士が、固く身をよせあい、それ以外には、なぜか関心さえもてない、そういう感じになりつつある。

ちょうど、その話を聞いた日、電車の中で、『友だち地獄――「空気を読む」世代のサバイバル』（土井隆義著／ちくま新書）という新書を読んでいて、衝撃を受けたのは、いまやクラスのまとまりが希薄になって、昔のようないじめさえ成立しない、ということだった。

昔のいじめは、「いじめっ子」と「いじめられっ子」、それをとりまく「傍観者」に、クラスが大きく三分した。

いじめ自体は良くないが、そういう構造になるのは、「ひとクラス」というまとまりを前提とした話だ。いまの子どもは、仲良しグループをはる範囲が、どんどんどんどん狭くなっていて、せいぜい2、3人の小さな仲良しグループ、ピタッとくっついていつも一緒に行動して、それ以外には関心すら払えなくなってきている。

だから、その小さな仲良しグループ内で仲間はずれにされたり、無視したり、そういうとても小さな単位でいじめが起こっている、というのだ。

ひとクラス40人でさえ関心が結べないのなら、ましてや、国や社会はどうなるんだろう？　日本「列島」でなく、2、3人のごく小さな人間関係のグループが、いくつもいくつもびっしり集まった日本「諸島」だ。

みんな自分の小さな島の少人数の住人には、好きで、濃く関心を払うけど、その外は「無」。ブラックゾーンだ。

グレーゾーンの人間関係がまったくない環境とは、「顔をあげれば、アカの他人」。気がつけば四方八方、黒だらけ。顔のそばまで他人が迫って……。これでは、呼吸しづらい、息づらいのもあたりまえだ。

私が子どものころ、ふてくされて2階へ逃げた、そんな失礼なことをしたおばちゃんが、進学だ、成人式だ、出版だと、なにかといえばお祝いをくれた。母が病気で、父は仕事で赴任しており、姉と私でおろおろしているようなときも、おばちゃんが、おかずをつくってかけつけてくれたり、心強かった。

学校で仲の良かった友だちとケンカしたときも、クラスでそんなに仲の良くなかった子が、媒介者のような役目をはたしてくれて、仲直りできた。

いやいや出たような会社の飲み会で、やっぱり大人数はニガテだと、出てから後悔したようなときも、たまたまとなりに座った、話したことがない人と話をして、次の朝、会社で会って、「ああ、きのうはどうも！」なんてあいさつしたあと、なんか、いい。それで、特別、その人と友だちになるとかそんなのではない。でも、その人一人分、会社という自分の居場所で、呼吸がラクになったような気がする。

グレーゾーンの住人に、思えば救われてきた。

中学生や高校生、大学生を教えていて思うのは、やっぱり彼らも、仲良し同士のごく少人数で行動しているので、それを引き離して、グループをつくり、ワークをさせたりすると、はじめは、よく知らない同士だから、とても身をこわばらせて緊張している。ところが、その日一緒にワークをやり、次の回で教室に行ってみると、同じ教室かと目を疑うくらい、彼らの表情や体が柔らかい。

「一回話したことがある」「一回一緒に作業をしたことがある」そんな人間が、自分のいる空間にいてくれること、増えていくことは、ほんとうに呼吸のしやすいことなのだなあと、彼らを見ていて驚かされる。

白か黒か。つきあいたい人とだけつきあう。それ以外とはつきあわない。用事で接する人とは、用件だけで接する。それ以外の無駄話はいっさいしなくていい。メールとか、いまの世の中は、そんな人間関係を結ぶのに、まことに都合よくできている。

私もふつうにしていたら、グレーゾーンの住人がどんどん減ってきているように思う。でもそれは、「顔をあげれば、まったく他人がすぐそこまで」という状況に自分を追い込んでいることでもある。

だからといって、グレーゾーンの人間を意識して増やそうというのもなあ。なにより、その人に対して失礼だし、そこだけを追い求めると、どうもうまくいかない気がする。大人数の飲み会なんていまどき流行らないし。なにより自分がしんどいし。

グレーゾーンの住人は、あなたにとって、どんな人たちだろうか？

グレーゾーンの住人はどうすれば増えるのだろうか？

関心リッチと関心プア

今よりもうちょっと「息のしやすい」「生きやすい」環境を考えたとき、「親しい人」でもなく、「アカの他人」でもない、「その間」にいる人たちが、意外に大事なんでは？　そんな提案を前回したら、国内、海外からも、続々とメールがよせられた。

まず、それを紹介したい。

「親しい人＝白」でも、「まったく知らない他人＝黒」でもない、その間にいる人々を、ここでは「グレーゾーンの住人」とする。

〈ダブリンより、こんにちは〉

こちら（アイルランド・ダブリン市）にいて、こちらの人と接しているので、日本にいたときと同じこと、違うことを日々感じます。

こちらではグレーゾーンが広いです。

例えば、お店の人と話すのも、同僚と話すのもまず最初の言葉はHow are you doing?

から始まり、これが週の始まりであれば、相手の週末の様子を聞くのが普通です。結果として、そんなに仲のよくない同僚であっても、相手がシングルかどうか、休暇をどのように過ごしたか等をわかりあっています。

日常的に出歩いたりはしないけれど、人として好感がもてる、そういうグレーゾーンにいる人たちがたくさんいます。日常的に行くスーパーや八百屋で働く人たちとでさえ温かい会話ができるダブリンにいて日本での無差別殺人のニュースを見ていると、孤独になりがちだった日本での日々を思い出します。

この違いは一体どこから、来ているのでしょうね。　（ダブリン在住　M）

〈人ごみ砂漠〉

先週のグレーゾーンの話、強く心に響きました。私が就職して東京に来たばかりの頃、知り合いが少なくて人恋しくなり、原宿に行ったら余計に寂しくなったことを思い出しました。「東京砂漠」とはよく言ったもので、周りにとって私は黒、居場所のない人ごみの中にいるのは、とても辛いことでした。　（tamo）

まだ私が会社に勤めていたとき、「ママ」というあだ名で呼ばれていた同僚がいた。独身女性が多い職場で、ママは子どもを育てながら働いており、しかも、そのとき妊婦だった。

その夏、私はショックなことがあり、体重は落ち、頰はそげ、そのさまは、たまたま食事に入ったお店で、店主に、何も食べてないいんじゃないかと心配され、「ただでいいから」と、注文してないご飯やおかずまでふるまわれるくらいだった。とにかく会社で一日座っていることさえつらかった。

そんなとき、「ママ」が、ふらふらと席に近寄って、私に声をかけた。

「今日は暑いね」だったか、「お元気？」だったか、全然憶えてないほどの、たわいのない言葉だった。時間にして数十秒、なんのことはないやりとりの後、ママは自分の席に帰っていった。

次の日の昼下がり、ママがまた、私の席に近づいてきて、「今日はちょっと涼しいね」みたいなことを言い、帰っていく。

次の日も、また次の日も、その次も……ママはやってきた。

それが私を心配したママの、1日1回の「声がけ」なんだと気がついた。

私は人から心配されるのが大っ嫌いな人間だ。心配されるのがイヤでイヤでしょうがない。なのにどうしてか、この「声がけ」には、ほっと緊張感がやわらいだ。これが友だちとか、直近の先輩・後輩とか、親しい人だったら、私も甘えが出て、「同情されるのがイヤなの！」みたいなことを言っただろう。

ママと私には距離があった。会議で一緒になるものの、プライベートで遊んだことなど一度もないどころか、私語もほとんどかわしたことがない。

私なりに一度は親しい友人に悩みを聞いてもらおうとはしたのだ。でも親しいからこそ甘えも、エゴも出て、相手を不快にし、悩みを聞いてもらおうとしては、やんわりかわされた。以降いっさい人に、そのことを言わなくなった。そんな矢先の「ママの声がけ」だった。

ママの声がけはそれからも続いた。1日1回、数十秒のあたりさわりのない話、それだけ。

おたがい気心が知れてきてもこのスタンスは変わらなかった。「だから今度一緒にご飯を食べに行こう」とどちらも誘うでもない。

ママは私に踏み込まない。「何があったの?」と干渉したり、「なんでも相談にのるわよ」と親切ごかしに、ずかずか私の傷心に踏み込んできたりはしない。

私もママに、もたれかからない。「ママ聞いてくれますか」とドッと重い打ちあけ話をしたり、相談にのってくれ、そばにいてくれ、くれぐれもたれかかることをいっさいしない。

でも、1日1回のこの時間だけ、ぬくもりがあった。

私はしだいに元気になり、とりたててママに御礼を言うでもなく、ママもそのまま産休に入り、あくまでも、どこまでも、さりげなく、1日1回の声がけは終わった。

「関心を払う」の「払う」とは、よく言ったものである。「払う」には、「お財布の中に500円しかないのに、それでも電車賃340円払わなければならない」というように、限られた自分の「持ち分」から身銭をきるようなニュアンスがある。

読者の成田さんは言う。


〈関心を払わない女の子たち〉


先日、京都に旅行に行ったとき、修学旅行の中高生グループがたくさんいたのですが、私たちがバスに乗ろうとしたとき、乗り口をふさぐように4人の女の子が立っていて、一瞬満員バスかと思ったんです。でも、よく見たら前の方はあいているので、乗りました。無理矢理。だって彼女たちはよけるそぶりすらありませんでしたから。その後、バスの運転手さんや、引率をしている方が、再三「よけてください」って言っているのに、微動だにしないのです。もっと怖いのが、彼女たちがまったく話をしないこと。なんで一緒にいるんだろう？というくらい、しーんとしていました。

同じバスに乗っている、そんな関係というのもグレーだと思うんですが、私たちは風景？石ころ？？？

（成田）

『子どもの親密圏の変容』について書かれた岩波ブックレット（『「個性」を煽られる子どもたち』土井隆義）によると、子どもが仲良し関係をはる範囲＝「親密圏」は、昔のように大勢でつれだって子どもが遊んでいる時代から、年々狭く、どんどん小さくなっている。いまや子どもたちは、ほんの数人のごく限られた友だちとだけ親密圏を結んで、遊んでいる。

でもだからこそ、その小さなグループ内で浮いて、見放されたらオシマイ。「ほかに行き場がない」、「この世の終わり」と感じるため、グループ内の人間関係に、とても気をつかって生きている。グループ内で、「浮くまい」「嫌われまい」とするあまり、グループ内の人間関係に、ある種クタクタになるくらい、神経をすりへらし、神経をつかいきっているので、親密圏の外の人間など、かまってられない、というより、眼中にないほど、ヨユウがないと言うのだ。

1人の人間がもつ「親密圏」が昔にくらべて小さくなってきているというのは納得だ。

母の時代のように、大家族で育ち、戦後の厳しい時代をご近所と助け合いながら生き抜き、大勢いる親戚の子どもを預かったり世話したりして生きてきた人たちと、自分を比べても、確実に、人を受容するキャパシティは落ちていると思う。「受容」以前に他人に対して「関心」が払えない。

母の時代、1人あたりのもつ他人への関心を100人とすると、いまの時代、50～60を通りこして、20～30も通りこして、せいぜい5～6人なんじゃないかと私は思う。バスの女の子のようにゼロの人も少なくないのでは。

すると、だれからも関心を払ってもらえない「関心プア」が出てくる。

1人あたり5～6人に関心を払えば、関心はみんなにいきわたるか、というとそうではない。関心は集中する。例えば、おじさんばかりの職場に、たった1人入った新人のように、周囲から関心をもたれすぎ、干渉されすぎて、「ほっといてくれ」と言いたくなるような、「関心リッチ」の人も出てくる。そういう「関心リッチ」には想像しにくいだろうが、だれからもまったく関心をもたれないというのは想像以上にツライことだ。

私も社会に入りあぐねていたとき、だれからも1日中、「そこにおるか」とも言ってもらえない、どころか、だれ1人私にいちべつもくれない、という「関心プア」の時期がある。私も読者のtamoさんと同様、人恋しくてたまらなくて人ごみに行き、大勢人がいるところで関心に干されるほうが、よけいつらいと思い知った。

私の場合、「関心に干される」ことが続くと、ほとんど「腹がすいたとき」と同じような変化をした。最初はなんとなく元気がなくなり、それを通り越すと、しだいにそわそわものほしそうな行動に出る。知らず知らずオーバーアクションをして、無意識に周囲の気を引こうとしていたり、喫茶店などで、わざと自分が読んでいる本を机の上にタイトルが目立つように置いて、だれかチラッとでもこっちを見ないかなと思ったり。それでもだれからも関心をもたれないと、ほんとに透明人間になったように、どうでもよくなり、1人焼肉屋に行っても平気になり、傍若無人にふるまいだす。それも通り越すと、次第にイライラし、飢餓状態のように凶暴になってくる。

そういうときに、愛情をくれるのでもなく、好意をくれるのでもなく、ほどよい隣人程度の「関心を払ってくれる」存在がいると、いくぶん「しのぎよい」のではないかと思う。

人から「愛情」をもらおうとすれば大変だ。他人に「愛情」を与えるほうも大変だ。以前、たった1回話しただけの人から、翌日、親でも親友でも引くような、めちゃめちゃディープな相談メールが送られてきてびっくりしてしまったが、自分の「関心プア」な時期を思うと、この人を責められない。寂しいのだ。だから、ちょっと親切にしてくれた人に無意識にどっともたれかかってしまう。

でも、1人の人から1の愛をもらえなくとも、まわりの人から0・1ずつくらいの「関心」を払ってもらい、それを5人、10人と寄せ集めれば、多少の腹持ちはする。払うほうだって、払いやすい。

好きで大切な人たちとの親密圏＝白ゾーンのまわりを、ほどよく関心を払いあう隣人たち、関心は払うが、干渉・介入はせず、依存・要求もしないグレーゾーンがふんわりとりまいているのが、呼吸しやすい環境かなと、現時点で私は思う。最後にこの読者のメールを紹介して終わりたい。

〈私にとってのグレーゾーンの住人〉

私は過剰な人付き合いはあまり得意ではありません。

かつて、顔を広く、人脈を広げる、などと言って、がんばっていた頃もありますが、そうやってがんばっていたときに知り合った方と、今もお付き合いをしているかというとそうではありません。今は、自分にとってのキーパーソンと、しっかり心がつながっていれば、そんなにがんばらなくたって、必要な時に必要な人とすぐさまアクセスできると思っています。

私は心を患った経験があり、何とか早くそこを脱出したくて、心理学の本などを読み漁（あさ）った時期があります。ある精神科医の著書の中に、白黒つけたがることや勝ちか負けの分類がダメだということ、人間関係を3層に分けて考えてお付き合いをしていこうと書かれていて、それが今でも時々、自分を救ってくれます。

第1層が配偶者・恋人・親・親友など最も頼りになる存在、第2層が友人や親戚などある程度の距離を持って付き合っている人、第3層が私的なことは持ち込まない、仕事などにおける人間関係。

グレーゾーンの人というのは、第2層の中でも距離感のある方、それと第3層の人のことかなと思いました。

全ての人と同じように仲良くしなければならないのではなく、それぞれにおいてふさわしい密度での人間関係を作る必要があるということです。どれか一つが著しく欠ければ、全体がまずくなってしまったり、一つの問題をクリアすれば、全体が良くなることもある。

特に若い世代には、そういうことを知らない人が多いように思います。とにかくガムシャラさんだった私もそうだったんだろうと思います。（優子）

顔見知りのブラックゾーン

自分のまわりの人間環境を、いまよりもっと心地よいものにするために、親密な人たち（白）でもなく、全く知らない他人たち（黒）でもなく、「その間＝グレーゾーン」にいる人たちが意外に重要なんではないだろうか？

しかし、人間関係に「グレーゾーンがない」というような現象も起こっている。その現象について読者たちはこんなふうに考える。

〈顔見知りのブラックゾーン〉

私は現在、美術系の大学3年生です。

前々回のコラムに、最近学校に来ていない同じゼミの学生のことを誰一人「知らなかった」という話がありましたが、私はその話を、驚きを持って受け止めるどころか、「わかって」しまっている自分に気がつきました。

「知っているのにブラックゾーン」という関係です。その人のことを全く知らないというのも怖い話ですが、「知っているのにブラックゾーン」という関係も今の学生にはあり得るのだと思います。

例えば少人数制のゼミ形式のような授業で、席も隣り合うことが多く、学部も同じ。その人の学年も名前も学科も、描いている絵すら知っているのに、一言も話した事がなく、廊下ですれ違っても挨拶すらしない。そのような関係にある顔見知り（？）の人がたくさんいるように思います。一言、話しかければ楽になると、「本当は分かっていながら気がつかない」というような感じです。一歩踏み込んで話しかけることがあっても、次回会ったときには、なぜか挨拶すらしないという不思議な関係の「顔見知り」になってしまう事も多くあります。お互い相手の出方を見てしまうのか、そもそも相手に対して関心がないのか分かりませんが……。

厳密な意味でのブラックゾーンではないかもしれないですが、グレーゾーンの関係でもないように思います。

自分の周囲が、全く知らない人で埋め尽くされているというのも怖いけれど、知っているのに知らないふりをしているという関係にも息が詰まりそうです。

（美術系大学生・女子・3年生）

〈他者への感度〉

グレーゾーンがないというのは、想像力で関連をもてることを放棄しているんじゃないかなあ。顔を上げれば他人がいる、息苦しい、だから見えないことにする。

都会に住むと、周りに情報が多くて、ある程度情報をシャットアウトしないとつらいことがあります。情報をシャットダウンする方法として、音楽を聴いて両耳をふさいだり、携帯をいじって目と手をふさいだりしながら歩く人が増えているように感じています。

でも、私は感度を下げすぎると危険だと思っています。実は、今の時代って感度を下げすぎても生きていけるんでしょうか。そんなことをどこかで覚えるんでしょうか。

世の中は白か黒か、ではなくて、グラデーションでできている、ということと、そのグラデーションを、デジタル3階調なんての粗いものではなく、高解像度で感じられる感覚を大事に育てていきたいと思いました。

（成田）

〈透明マントをかぶる若者〉

私は病院に勤務していて、医療関係の学校に通う実習生を指導することがしばしばあります。

最近の子を見ていて思うのは、『自分のことを知られたくない』という態度を取る子が多いな、ということです。自分のことは明かさないで（つまり自分は安全なところにいて）、相手からの情報だけをほしがっている。ネット世代の特徴かな、とも思います。

教育を受ける側（生徒）でいる限りは、おそらくそういうやり方でも特に問題はないのでしょう。けれど、病に苦しみ、今後の生き方に悩む患者さんたちのそばに寄り添う仕事というのは、そういうわけにはいかないのです。

受身でいられる立場から卒業すれば、病院での仕事に限らず多かれ少なかれ『自分だけ安全なところにいる』ということはできないと思います。

新しいコラム『いきやすい関係』などを読んで思うのは今の世の中で生きづらさを感じている層の中に、透明な存在になりたがっている人が増えているんじゃないかということです。透明な存在になりたがっているように見える人、というか。関心を持たれることで、自分が評価されるのを恐れている。

そういう姿を見ていると、なんか彼らは透明マントをかぶっているんじゃないか？という気になります。透明マントをかぶって、自分は安全なところにいて、周りを見ている。けれど、その状態が続くと、だんだん面白くなくなってくる。自分は〝特別な〟透明マントをかぶっているのだ。それなのに、誰も気付いてくれない。それって不当な扱いなんじゃないか。そう思えてくる。透明マントの中の自分の〝すごさ〟に気付いてくれる人が、どこかにいるはずだ。そういう人と出会いたい。そんな途方もないことを考え出す。そんな人、いるわけないのに。

見られたくないけど、見つけてほしい。

彼らの『分かってくれない』（逆恨み）には、こんな矛盾を感じます。もっとも憂うべきことは、彼らが透明マントを着ていることに無自覚なことです。だからこそ、グレーな関係を持つことが出来ず、その逆恨みを（昨今の事件のような）とんでもない形で晴らしてしまう。そんな気がしてならないのです。

私も同じようなことを考えていた頃がありました。14歳くらいの頃です。その思春期の課題とでもいうべきものを20歳を過ぎ、恋愛経験もアルバイト経験もそこそこありながら、そのまま持ち続けている人が増えていますよね。

透明マントをかぶっていながら、患者さんを助けることができると思っている若者と、どう付き合っていけばいいのか、考え込む日々です。（上田）

読者から続々届くメールの中でも、「顔見知りなのにブラックゾーン」という現象には、衝撃を受けた。顔も知っているし、名前も、作品も、いやひょっとすると一度は話したことさえある、それでも、「ほどよい距離のある隣人＝グレーゾーン」にはならず、「まったくのアカの他人＝ブラックゾーン」のふりをしつづける。

なんでそんなことになるのか、と最初思ったが、無意識に「他人への感度」を下げすぎてしまう若者と、無意識に「透明マント」をかぶろうとする若者を重ね合わせると、グレーゾーンがすっぽりなくなる。

アイルランド・ダブリン在住の読者のMさんは、さらにこう言う。

〈価値判断を加えない温かな関心〉

前回の読者の方の、「それぞれにおいてふさわしい密度での人間関係を作る必要がある」という部分にグレーゾーンの意味を見出した気がしました。

職場や日常の買い物をする場面で日々接する人々とのお付き合いのスタート地点として、最もふさわしいのがグレーゾーンなのかもしれません。

グレーゾーンの極意は相手に温かい関心を持っているが、踏み込まない、相手の行動を判断しないということにある気がします。

日本について否定的なことをいうのは悲しいことなのですが、この、相手に踏み込まない、行動に価値判断を加えないが相手に関心を持つというグレーゾーンが日本では極端に狭いか、ほぼ存在しないように思います。　　（ダブリン在住　M）

ほどよい距離のある隣人との関係を築くには、それなりの自立や訓練が必要だとわかる。

しかし、現実には、グレーゾーンの良き関係を築くレッスンは、待っていてもしてもらえそうにないし、透明マントを着て何もしないが見つけてほしい、見えているが関心は払わない、という、「顔見知りのブラックゾーン」はまだまだ増えそうだ。
この息詰まりからどう一歩を踏み出せばいいのか?
読者のこのメールを紹介して終わりたい。

〈生きやすい環境〉

33歳(女)の会社員です。

「生きづらさ」は他人との距離の取り方の問題から来ているのではというご指摘ですよね。関係が親密すぎてこじれてしまった時、救ってくれたのは、確かにグレーゾーンの住人でした。学校に通っていた頃は、なんの苦労をしなくてもグレーゾーンの人が居ました。同級生、先輩や後輩、直接教えてもらっていない先生、保健室の先生、友達のお母さんやお父さん……。社会に出てからは、会社と自宅を往復する毎日で、自ら働きかけないと仕事以外の人間関係は広がって行きません。私のグレーゾーンの住人がどんどん減る原因はそんなところにあるような気がします。

私は、数年前に体調を壊したのをきっかけに、自分の性格や考え方の癖について振り返って考えたことがあります。その時思い至ったのが、「白か黒かはっきりさせたがる」「未知のものや人を必要以上に怖がる」という点でした。

凝り固まった思考パターンを脱して、のびのびと生きるにはどうしたらいいのかな? と考えて、今、意識してやっているのが「挨拶」です。職場で、コンビニやスーパーのレジで、タクシーで、できるだけ笑顔で挨拶をします。挨拶なんて当たり前のことだし、意識して挨拶するのは単なる私の自己満足でもあります。ですが、こちらから挨拶してみると、不思議と他人に対する「怖い」という感情が中和されてきます。相手が返してくれなくても、特段、会話に発展しなくても、〝私から挨拶した〟ということが効果をもたらしてくれている気がします。

挨拶程度の相手、というのは一番薄いトーンのグレーですが、薄くてもグレーゾーンが広がれば、だんだんと自分のまわりを「生きやすい」環境にしていけるのかなと思っています。

（今野）

グレーゾーンを愉しむ

自分のまわりの人間環境を、いまよりもっと心地よいものにするために、親密な人たち（白）と、アカの他人（黒）とその間＝グレーゾーンの人たちが、どんな風になっていればいいんだろう？

白状すると、私は、ちょっと前まで、親密な人が少数でもいればいい。グレーなつきあいなどわずらわしい、いらないと思っていた。

香山リカさんは言う。

「（精神科を訪れる人の悩みの中でトップ3に入る人づきあいの疲れの中でも）とくに目立つのは、家族や親友ではなく、職場の同僚、近所の人、子どものママ友達など、関係がそれほど濃くない人たちとのつきあい方で悩んでいる人たちの多さだ。

この人たちは基本的にまじめで、〝会社の同僚？　どうせ社内だけの関係でしょ。適当に接していればいいんだよ〟などと割り切ることができない。〝せっかく近くで仕事をしているのだから、なるべく良いつきあいをしたい〟という善意が、〝どうしてもうまくいかない〟というあせりや失望にいつしか変わる。そしてその時点から、ストレスもどんどんたまっていく」

（香山リカ「適切な『心の距離』を」『PHP』2008年9月号より引用）

これを読んで、もともと人好きな自分が、しばし、「グレーゾーンなんかいらないぞ」という風になってしまった謎が少し解けたような気がした。

自分はやっぱり人が好きなのだ。マスメディアに出るようになって、急に増えた人づきあいに面食らい、それでも一人ひとり大切に、まるで家族や友人のようにつきあおうとしていた。

当然、そんな大人数、自分のキャパで受容しきれるはずもなく、キャパ・オーバーになって、結局、「ごく親しい人だけいればいい」「グレーゾーンなんかいらない」に陥っていた。

読者の26歳の女性は言う。

〈妹にはたくさんの友人がいる〉

私は友達が少なく、人付き合いが下手です。

けれど妹には、たくさんの友達がいます。『ものすんごくたくさん！！』います。妹はどうしてそんなにたくさんのひとと仲良くなれるんだろうかと、ずっと不思議でした。

けれども、最近になって妹の友達全員が「親友」ではないんだな、ということをようやく理解しました。芝居を見に行くだけの友達。旅行好き同士の友達。本の趣味が同じな友達。妹は『広く深く』好きなものが多い人間なので、それぞれの方面に詳しい友達が、それぞれ居る、ということなんだと。つまり、芝居に行く友達と、本の話はしなくていいし、本の趣味が同じ友達に、重い悩み事を打ち明けられなくてもいい。

すごいショックでした。私は「友達を作るにはどうすればいいか？」と、いつも真摯に考えていたつもりでしたが、自分の持っている『友達の定義』については、13、14歳のときから10年以上も、疑問を持つことができませんでした。「現実的に考えて、友達って何だろう？」というところからはじめなければいけなかったのに。

じぶんも含めて、人付き合いの苦手な人間は、友達のハードルを自分で高く上げすぎて、巧く築けないのではないかと思いました。（みほこ）

私も「わりきったつきあい」がずっとニガテでここまできた。でも私の場合、「だから、いいんだ」とずっと思ってきた。人に対しても、仕事に対しても、わりきって、部分的に関わることがあまりできない。全人格的に関わろうとする。だからこそ、できた仕事や、通じ合えた人たちがある。

でも、だからこそ、ここへきて私はグレーゾーンの必要性を感じはじめた。つまり、この先、どんなにがんばって自分のキャパを広げたとしても、自分が心から「友達」と呼びたい人は数少ないだろう。家族をどんなに増やしたとしても、昔のような10人以上の大家族で住むイメージがない。

人数の少ない核家族で育ち、数少ない友達を大事にして生きる。こんな人はこれからますます増えるんじゃないか。

それで、自分なりに、グレーゾーンを排除して、ごく親密な人間関係だけに閉じこもるような期間をへてみて思ったのが、月並みだが、やっぱり「少数のつきあいは不安定」、ということだ。

仲たがいしたようなときに、たとえて言えば、30人の友達のうち1人欠けるのと、3人の友達のうち1人欠けるのでは、見ている風景までガラリと変わる。別に、仲たがいをしなくても、病気、事故、単身赴任、留学など、10人以上の大家族から1人欠けるのと、2人家族のどっちかがどうにかなるのとではわけがちがう。

もし、みんなが、小さい親密圏で暮らすことを、この先も前提とするのなら、公共の人間関係というのかな、そのまわりを取り囲む人間関係を、いまの都会のような無関心で殺伐（さつばつ）としたものから、もうちょっとだけ温もりのあるものにしたほうが住みよいんじゃないかと思う。

読者の中に、うかつにあいさつをしたら、ストーカー被害にあったという読者がいたが、このケースからは、あいさつ程度の親切に飛びついてしまう、寂しい人、がふえていることが垣間見られる。

私たちの人への関心のキャパが落ちている中で、若いとか、かわいいとか、名誉あるとか、関心は、集中する人のところへうっとうしいほど集中し、関心に干される人は、徹底的に無関心にさらされてしまう。

公共の福祉、と私が言うと、うさんくさいのだが、ちょっとボランティアをしたいという人はたくさんいる。道路のゴミをちょっと拾うとか、公共の場にちょっと木や花を植えるような気持ちで、自分のことだけでなく、自分のまわりの人間環境をちょっとでも温もりのあるものにして、まわりからよくしていかないとなあ、というような柄にもないことを最近よく考える。

そのときに、グレーゾーンをグレーゾーンとして愉しむ、ということが必要になってくると思う。

誠実なあまり、無意識に、グレーゾーンの人を、親密な人（白）と同等につきあおうとして疲れ果てるのでもなく、関心のスイッチをオフにして、アカの他人（黒）を装うのでもなく。距離のある関係だからこそ、できる愉しみ方を見つけられたらと思う。

例えば、読者の妹さんのように、「いい面だけで接点をとる」のもありだ。また、ダブリンに住む読者が先週言っていたように、「温かな関心は払うが、踏み込まないし、判断はしない」というつきあいもありだ。

でも現実は逆で、ご近所の人の噂話をしたり、私たちは距離のある他人を、まず判断したり、裁いたり、悪い面を見たりして、息苦しくなっている。

他人の良し悪しを判断しない、いい面だけを見る、というのは無責任なようだが、むしろ、距離のあるもの同士だからこそ、許される特権だ。親子や恋人だったら、とてもそんなことはできない。責任があるから、判断したり、干渉や介入をしたり、悪い面だって引き受けなければいけない。おじいちゃんやおばあちゃんは、孫は子どもより責任がないからかわいいというが、だったら、グレーゾーンの住人はさらに責任が薄い、愉しんでいいはずだ。

グレーゾーンにいるもの同士、お互い、友だちに選ばなかったし、選ばれなかったのだ。この先、恋人になる可能性もない。距離があるからこそ、自由になることもある。

通りすがりに花を渡すような気持ちで、自分をとりまく人間環境に、距離があるからこそ、自由になって、何か良い気持ちを送りあえたらいいと私は思う。

グレーをグレーとして愉しむとはどういう関係を築くことだろうか。

最後にダブリンに住む読者の言葉を紹介して終わりたい。


「本当に思っていること」を口にしないという選択をするのが日本の社会の不文律のように思います。受け入れられる考えを追求すること、どう話したらいいかにエネルギーと時間を費やし、疲弊(ひへい)し、自分が望んでいることを見失いがちであるように見えます。日本の全てがこうだとは思いません。でも、私自身、どうすべきなのかわからない、日本人の抱えがちな日常の苦しさの一つだとは思います。

「私の考え方とは違うけれど、やってみたら?」

自分とは異なる考え方に前向きな反応を示す、そういうグレーゾーンの広い社会を夢見ます。

（アイルランド・ダブリン在住　M）

エピローグ　自分に合った答え

本書のコラム、および読者メールはすべて、インターネット上のサイト『ほぼ日刊イトイ新聞』に、私が2000年から執筆している「おとなの小論文教室。」からのものだ。

「おとなの小論文教室。」とは？　と問われれば、いま、私はこう答える。

「〝自分に合った答え〟を見つけるためのトレーニングジムのような場です」と。

もしもあなたが、結婚とか、就職とか、この先の進路に思い悩んでいたとして、ほしいのはどの答えだろう？

1は「まっとうな答え」
2は「絶対的な答え」
3は「自分に合った答え」

私がこのコラムを通して応援し続けているのは、「自分に合った答え」を探そうとしている人たちだ。

向田邦子さんのエッセイに「手袋を探す」というのがある。向田さんは、ひと冬、手袋なしで過ごしたことがある。エアコンなどないためいまよりずっと冬が厳しい時代、素手でやりとおすなど、とても常人にできることではない。当然、向田さんは、風邪をひいたり、不便があったり、つらい思いもするのだが、それでもどうしても、間に合わせの手袋をはめようとしない。

向田さんといえば、おしゃれにも、惜しみなく心血を注ぎ、抜群の審美眼をもっていた。それは、まだ薄給で衣類も高価だった時代に、気に入った「黒の水着」を給料の3ヶ月分をはたいて買うほどだった。

自分がそれを好きかどうか。

自分の気に入った手袋がないなら、見つかるまで探す。

自分の気に入らないものを身につけるくらいなら、ひと冬を手袋なしで過ごそうと覚悟を決める。

この、「自分に合ったものを妥協なく探す」徹底ぶりは、向田さんの人生にも、そのまま言えた。「男は仕事、女は家庭」の時代に、結婚をせず、子を産まず、当時、虚業と言われ、不安定とされた脚本家の仕事をしていくのは、世間の抵抗がどれくらいであったかと思うが、月並みな女の幸せを逃した「負け犬」としてでなく、どこまでも自分に合った「手袋を探す」道の途上として中年を生きた向田さんがかっこいい。どこまでも自分の心近く感じ、勇気が湧いてくる。

私は「自分に合った答え」を探そうとする人が好きだ。

私自身、「まっとうな答え」を探そうとしていた時期もあった。「まっとうな答え」を探そうと真摯に挑む人の向かう先にあるのは「学問」だ。「学問」の世界では、私に合った答えとか、あなたに合った答えを探すのではない。だれがやっても、同じ手続きを踏めばそのようになる。再現性のある答えが求められる。論文の「結論」だ。

私は編集者時代に、たくさんの大学教授や博士と仕事をし、体系的で幅広い知識と、粘り強い論理性から繰り出される、「まっとうで偏りのない答え」というのが何とすばらしいかというのを実感した。それでも自分自身、「まっとうな答え」のほうに向かわなかった。

たとえば、女の幸せというものを、脳の科学からみたらこうですよ、心理学からみたらこうですよ、こうしたら10人中9人の女性が安定しましたよ、という結果が出たとしても、それが妥当でまっとうな答えであればあるほど、自分自身が10人のうち1人の例外である可能性がぬぐえない。

それが学問的にみてどんなに正しい答えであったとしても、自分にしっくりしない答えであるとき、どうしたらいいんだろう。

また、「絶対的な答え」を欲する人が、歩む道は「宗教」だと思う。「宗教」をやっている友人も多くおり、私自身も、子どものころに宗教に興味をもっていた。ある宗教に入信の一歩手前までいったことがある。それでも自分にはどうしても、人間の存在を超えたところにある絶対的な答えを信じて身を委ねるということができなかった。宗教をやっている人から見れば、ヘタレな理由かもしれない。でも私は、自分の経験や実感のなかから自分の答えを模索していくことに自由を感じる性分だ。

学問にも、宗教にも頼れず、「自分に合った答え」を探していこうとするときに、ごくふつうに手がかりになるような場がないな、と私は思う。だから占いに頼ったり、自己啓発とか、カウンセリングとかに行ったり、みんないろいろにしているのだけど。

私が欲していたのは、ただごくフツウに自分の頭で考えることだった。

そういう自分が出会ったのが「小論文」だった。最初は高校生の小論文指導からスタートした。「小論文」では「意見」が求められる。学術論文とはそこがちがう。論文では、結論にいたるまでの論証の部分が花。だれがやっても同じ結論になることを、立証していくところに重きが置かれる。ところが小論文は字数も短いため、「意見＝

自分が出した答え」の比重が高い。正解のない問題に自分自身の答えを出していい。

暗記型の勉強で一つの正解を出すことを習慣づけられている高校生に、どうしたら一人ひとりちがった「自分の答え」を出せるようサポートできるのか。

最初は失敗しつつ模索した。でもそのうちに、みんな同じような優等生的な答えになるのではなく、一人ひとりちがう、自分の頭で考えた実感ある答え、が出てくるようになった。そのとき学んだ経験と技術を、「おとなの小論文教室。」に応用している。

私が生徒一人ひとりの多様な意見を引き出すために、そのとき学んだのは、

1. 先に立派な人の正論を読ませない。

2. しかし、何でも好きに考えていいよでなく、まず問題提起を含んだひとつの本気の見方を示す。

3. 多様な意見を示す。

自分で考える前に、あまり立派な人の正論を読んでしまうと、生徒はそれに負けてしまって、みんな、「筆者の言うとおり」というような意見しかでてこなくなる。かといって、「正解はないから、何でもあなたの好きに考えていいんだよ」と言っているだけでは、生徒は決して自分の意見を出してこない。まず、立派などでなくていい、

でも1人の人間の本気ある切実な意見をはっきりと見せる必要がある。

私がこのコラムにつたなくてもテーマに対する自分の見方をまずはっきり打ち出すのは、そこが理由になっている。偉い先生などではないため、いろいろと不備のある、しかし1人の本気ある意見というものは、切実な問題提起を孕んでいる。それに共感したり、反発したり、たたき台にしたりした人のいろんな意見を導き出す。私がここに示す、自分にとって切実な意見は、踏み台であり、たたき台である。

その上で、「多様な意見」を示すこと。高校生には、ひととおり自分の意見をだしてもらったあとでほんとに正解はないんだということを実感してもらうため、非常にたくさんの、それも学者やプロの人だけでない、一般人や、同じ高校生の意見を見てもらった。

このコラムでも、日本全国だけでなく、アメリカ、フランス、中国ほか、世界各国から読者の投稿がくるが、それを生かして、できるだけ多様な見方を紹介している。

まだまだ不十分ではあるが、読者の投稿の多さ、切実さ、意見の多様さなどから、「自分に合った答え」を探そうとする人が、手がかりにしたり、思考を練り鍛える場として、このコラムが使われているのを感じる。

「自分に合った答えを探す場」としてこのコラムが機能しているとしたら、なんといっても、その最大の理由は、「読者の主体性」だと思う。

ほんとうに「ほぼ日」の読者は自立している。

私にアドバイスをくれとか、答えをくれというような読者はスタート以来ほとんどいない。

ズーニーさんの考えがいい悪いと批評する人もまずいない。みんな、「自分でここまでは考えた」という、自分の経験や実感からくる考えを、未完成で恥をかいてもいいから、「まず提供しよう」と思って投稿してくる。これは批判的・依存的な書き込みも多いネット社会で奇跡のように感じている。だから私は、「ほぼ日」の「おとなの小論文教室。」の読者が大好きだ。

もし、あなたがいま、何かに悩んでいるとして、いま探している答えはどれだろう。

1は「まっとうな答え」
2は「絶対的な答え」
3は「自分に合った答え」

私は、自分にしっくりする答えが見つかるまで、手袋をしないで探し続けようと、最近やっと覚悟が定まった。「自分に合った答え」を探して、見つからなくて、もがいている人が、好きで、これからもこの教室で応援していけたらと思う。

文庫のためのあとがき

仕事で「やりたいこと」はやれますか？

「やりたいことをやらしてもらえないから辞めたい」、「希望どおりに就職できたけど、思っていたのとゼンゼン違う。これが自分のやりたいことか……」、そんな悩みを耳にする。

「仕事で、やりたいことはやれますか?」

この正解のない問いに、私なりの答えが、やっと見つかった。

私は、「やりたいことしかやりたくない」人間だった。企業で教材の編集者をしていたので、「仕事で有名人に会えた」とか、「憧れの先生に取材できて、スッゴイ勉強になった」とか、友達に自慢していた。自分が成長できるかどうか、充実感があるかどうかが、仕事のモノサシだった。「仕事とは何か」をはき違え、自己実現を求めていた。どんなに頑張っても突き抜けなかったのも、いまから思えば当然だ。

転機は、入社11年目。

新しい教材開発のため岡山から「東京に転勤」になった。そこで叩きこまれたのは、「読者の側から観て」ものづくりをすることだった。ここまでするかというくらい綿密な読者調査をする。教材を使った読者の反応も、自社が自社都合で検証するだけでは手ぬるいと、専門の調査会社に頼み、徹底的に読者目線で検証された。

容赦ない検証結果を突きつけられ、ぺしゃんこになった。それまで自分のつくった教材は、イケてると思ってきたけれど、読者の高校生から見れば、小難しい、とっつきにくい教材にすぎなかった。

「自分はどこを見て仕事をしていたんだろう。」

それから、高校生を理解するためなら何でもする！　と腹が据わった。高校生が生まれた年から今までの社会背景を年表にした。寝る時間を削って高校生に会いに行き、教材に偏らない人生全般の話を聞いた。道行く高校生がいれば、カバンの中を見せてもらい、そこに高校生が好きだというCDがあれば、すぐさま自腹でCDを買いに行き、ライブも行った。

生まれて初めて自分以外の人間を、自分が無くなるほど、想いに想い考えに考えた。

その秋、リニューアルした教材は、会議を一発で通り、試作品を持って読者の反応をテストしてきた営業が、息を弾ませてこう言った。「高校生たちが、この教材を見るなり、〝こんなのが欲しかった！〟と、身を乗り出した！」検証結果では、調査会社も驚くほど読者の活用率・満足度が跳ね上がっていた。

そのころ、海外に行った友達から電話がかかってきた。それまで私の、「仕事で憧れの先生に会えた」とかいう自慢を聞いてくれていた友達だった。でもそのとき、いまの仕事の状況を言おうとして、口をついて出てきたのは、

「読者がいた。読者がいることがわかった……」

それだけ言って涙が出てきて言葉につまった。まったく要領を得ないこの言葉に、なぜか友達も泣いていた。

仕事は「他者貢献」である。

たとえ自分に成長がなかったとしても、満たされなかったとしても、人や社会の役に立てば良し。それどころか、まるで鉛筆のように、人の役に立てば立つほど、自分の身は削れていくことさえある。他者を満たすのが仕事だ。

生まれて初めて「仕事」に入っていくとき、私たちは「他者を満たす」なんて、それまでやったことがないから、当然うまくできない。うまくできないから面白くないし、上からあれこれ指図されるし、失敗すると怒られるし……。自己嫌悪になったり、

上司を恨んだり、「やりたいことがやれていない、ここが自分の居場所だろうか」と不安にさいなまれる。

そこをなんとかのりこえて、「やるべきこと」をやり続けるうちに、鍛えられ、お客さんに導かれ、自分では気づけなかった能力も引き出され、技を身に着け、経験を積み、できなかったことはできるように、「できること」は、ますます多く、強くなっていく。

ついに、自分のチカラで他者を喜ばすことができたとき、それまで人生で感じたことがない「歓び」を得る。

「他者を満たすことが、自分を満たす。」

そう感じたとき、自分の「本望」が達成されている。義務感でまっとうしてきたはずの仕事が、いつしか「自分のやりたいこと」になっている。だから私の答えはこうだ。

仕事でやりたいことはやれる！　だからいま、やるべきことをしよう。

2016年3月　山田ズーニー

本書は二〇一〇年八月、単行本として小社より刊行されました。
初出……『ほぼ日刊イトイ新聞』の連載「おとなの小論文教室。」
の二〇〇八年二月六日から二〇一〇年四月十四日までの中から
二十二本を選択し加筆修正したものです。

「働(はた)きたくない」
というあなたへ

二〇一六年　五月一〇日　初版印刷
二〇一六年　五月二〇日　初版発行

著　者　山田(やまだ)ズーニー
発行者　小野寺優
発行所　株式会社河出書房新社
〒一五一-〇〇五一
東京都渋谷区千駄ヶ谷二-三二-二
電話〇三-三四〇四-八六一一（編集）
〇三-三四〇四-一二〇一（営業）
http://www.kawade.co.jp/

ロゴ・表紙デザイン　粟津潔
本文フォーマット　佐々木暁
本文組版　KAWADE DTP WORKS
印刷・製本　凸版印刷株式会社

Printed in Japan　ISBN978-4-309-41449-2

右翼と左翼はどうちがう？

雨宮処凛　41279-5

右翼と左翼、命懸けで闘い、求めているのはどちらも平和な社会。なのに、ぶつかり合うのはなぜか？　両方の活動を経験した著者が、歴史や現状をとことん嚙み砕く。活動家六人への取材も収録。

池上彰の選挙と政治がゼロからわかる本

池上彰　41225-2

九十五のダイジェスト解説で、日本の政治の「いま」が見える！　衆議院と参議院、二世議員、マニフェスト、一票の格差……など、おなじみの池上解説で、今さら人に聞けない疑問をすっきり解決。

映画を食べる

池波正太郎　40713-5

映画通・食通で知られる〈鬼平犯科帳〉の著者による映画エッセイ集の、初めての文庫化。幼い頃のチャンバラ、無声映画の思い出から、フェリーニ、ニューシネマ、古今東西の名画の数々を味わい尽くす。

小説の聖典（バイブル）　漫談で読む文学入門

いとうせいこう×奥泉光＋渡部直己　41186-6

読んでもおもしろい、書いてもおもしろい。不思議な小説の魅力を作家二人が漫談スタイルでボケてツッコむ！　笑って泣いて、読んで書いて。そこに小説がある限り……。

自己流園芸ベランダ派

いとうせいこう　41303-7

「試しては枯らし、枯らしては試す」。都会の小さなベランダで営まれる植物の奇跡に一喜一憂、右往左往。生命のサイクルに感謝して今日も水をやる。名著『ボタニカル・ライフ』に続く植物エッセイ。

巷談辞典

井上ひさし〔文〕　山藤章二〔画〕　41201-6

漢字四字の成句をお題に、井上ひさしが縦横無尽、自由自在に世の中を考察した爆笑必至のエッセイ。「夕刊フジ」の「百回連載」として毎日生み出された110編と、山藤章二の傑作イラストをたっぷり収録。

新東海道五十三次

井上ひさし／山藤章二　41207-8

奇才・井上ひさしと山藤章二がコンビを組んで挑むは『東海道中膝栗毛』。古今東西の資料をひもときながら、歴史はもちろん、日本語から外国語、果ては下の話まで、縦横無尽な思考で東海道を駆け巡る！

十年ゴム消し

忌野清志郎　40972-6

十年や二十年なんて、ゴム消しさ！　永遠のブルース・マンが贈る詩と日記による私小説。自筆オリジナル・イラストも多数収録。忌野清志郎という生き方がよくわかる不滅の名著！

狐狸庵食道楽

遠藤周作　40827-9

遠藤周作没後十年。食と酒をテーマにまとめた初エッセイ。真の食通とは？　料理の切れ味とは？　名店の選び方とは？「違いのわかる男」狐狸庵流食の楽しみ方、酒の飲み方を味わい深く描いた絶品の数々！

狐狸庵人生論

遠藤周作　40940-5

人生にはひとつとして無駄なものはない。挫折こそが生きる意味を教えてくれるのだ。マイナスをプラスに変えられた時、人は「かなり、うまく、生きた」と思えるはずである。勇気と感動を与える名エッセイ！

大野晋の日本語相談

大野晋　41271-9

一ケ月の「ケ」はなぜ「か」と読む？　なぜアルは動詞なのにナイは形容詞？　日本人は外国語学習が下手なの？　読者の素朴な疑問87に日本語の泰斗が名回答。最高の日本語教室。

日本人の神

大野晋　41265-8

日本語の「神」という言葉は、どのような内容を指し、どのように使われてきたのか？　西欧のGodやゼウス、インドの仏とはどう違うのか？　言葉の由来とともに日本人の精神史を探求した名著。

本の背中　本の顔

出久根達郎　40853-8

小津文献の白眉、井戸とみち、稲生物怪録、三分間の詐欺師、カバヤ児童文庫……といった（古）本の話題満載。「四十年振りの大雪」になぜ情報局はクレームをつけたのか？　といった謎を解明する本にも迫る。

むかしの汽車旅

出久根達郎〔編〕　41164-4

『むかしの山旅』に続く鉄道アンソロジー。夏目漱石、正岡子規、泉鏡花、永井荷風、芥川龍之介、宮澤賢治、林芙美子、太宰治、串田孫一……計三十人の鉄道名随筆。

幻想図書館

寺山修司　40806-4

ユートピアとしての書斎の読書を拒絶し、都市を、地球を疾駆しながら蒐集した奇妙な書物の数々。「髪に関する面白大全」「娼婦に関する暗黒画報」「眠られぬ夜の拷問博物誌」など、著者独特の奇妙な読書案内。

新・書を捨てよ、町へ出よう

寺山修司　40803-3

書物狂いの青年期に歌人として鮮烈なデビューを飾り、古今東西の書物に精通した著者が言葉と思想の再生のためにあえて時代と自己に向けて放った普遍的なアジテーション。エッセイスト・寺山修司の代表作。

四百字のデッサン

野見山暁治　41176-7

少年期の福岡での人々、藤田嗣治、戦後混沌期の画家や詩人たち、パリで会った椎名其二、義弟田中小実昌、同期生駒井哲郎。めぐり会った人々の姿と影を鮮明に捉える第二六回エッセイスト・クラブ賞受賞作。

妖怪になりたい

水木しげる　40694-7

ひとりだけ落第したのはなぜだったのか？　生まれ変わりは本当なのか？　そしてつげ義春や池上遼一とはいつ出会ったのか？　深くて魅力的な水木しげるのエッセイを集成したファン待望の一冊。

なまけものになりたい

水木しげる　40695-4

なまけものは人間の至高のすがた。浮世のことを語っても、この世の煩わしさから解き放ってくれる摩訶不思議な水木しげるの散文の世界。『妖怪になりたい』に続く幻のエッセイ集成。水木版マンガの書き方も収録。

要するに

山形浩生　40883-5

ネットはどうなる？　会社ってなーんだ？　プライバシーって本当に大切？　……いろんな領域にまたがって、専門家と非専門家の間を「要するに」とつないでゆく、快刀乱麻、悪口雑言、山形浩生の雑文集。

おとなの進路教室。

山田ズーニー　41143-9

特効薬ではありません。でも、自分の考えを引き出すのによく効きます！　自分らしい進路を切り拓くにはどうしたらいいか？　「ほぼ日」人気コラム「おとなの小論文教室。」から生まれたリアルなコラム集。

人とつながる表現教室。

山田ズーニー　40981-8

ここから、人とつながる！　孤独の哀しみを乗り越えて、ひらき、出逢い、心で通じ合う、自分にうそをつかないで、人とつながる勇気のレッスン。「ほぼ日刊イトイ新聞」の「おとなの小論文教室。」から第二弾。

味を追う旅

吉村昭　41258-0

グルメに淫せず、うんちくを語らず、ただ純粋にうまいものを味わう旅。東京下町のなにげない味と、取材旅行で立ち寄った各地のとっておきのおかず。そして酒、つまみ。単行本未収録の文庫化。

七十五度目の長崎行き

吉村昭　41196-5

単行本未収録エッセイ集として刊行された本の文庫化。取材の鬼であった記録文学者の、旅先でのエピソードを収攬。北海道〜沖縄に到る執念の記録。

こんな映画が、　吉野朔実のシネマガイド

吉野朔実　40884-2

ジャンルも製作国も不問、見る価値ありの作品のみを紹介する、究極のシネマガイド。「参りました！　これ、面白映画オススメ本として完璧なんじゃないですか？」（解説より）素敵なカラーイラスト満載。

淀川長治　究極の映画ベスト100〈増補新版〉

淀川長治　岡田喜一郎〔編・構成〕　41202-3

映画の伝道師・淀川長治生涯の「極めつけ百本」。グリフィス『散り行く花』から北野武『キッズ・リターン』まで。巻末に折々のベスト５等を増補。

淀川長治映画ベスト10＋α

淀川長治　41257-3

淀川長治がその年のアンケートに応えたベスト10とその解説。そして、ベスト５。さらには西部劇ベストやヴァンプ女優、男優ベスト、サイレントベスト……。巻末対談は蓮實重彥氏と「80年代ベスト」。

自転車で遠くへ行きたい。

米津一成　41129-3

ロードレーサーなら一日100㎞の走行は日常、400㎞だって決して夢ではない。そこには見慣れた景色が新鮮に映る瞬間や、新しい出会いが待っている！　そんな自転車ライフの魅力を綴った爽快エッセイ。

パリジェンヌ流　今を楽しむ！自分革命

ドラ・トーザン　46373-5

明日のために今日を我慢しない。常に人生を楽しみ、自分らしくある自由を愛する……そんなフランス人の生き方エッセンスをエピソード豊かに綴るエッセイ集。読むだけで気持ちが自由になり勇気が湧く一冊！

パリジェンヌのパリ20区散歩

ドラ・トーザン　46386-5

生粋パリジェンヌである著者がパリを20区ごとに案内。それぞれの区の個性や魅力を紹介。読むだけでパリジェンヌの大好きなflânerie（フラヌリ・ぶらぶら歩き）気分が味わえる！